計劃一下
享受一個輕巧自在的
悠哉小旅行

ことりっぷ **co-Trip**
小伴旅

石垣・竹富・西表・宮古島

讓我陪你去旅行
一起遊玩好EASY～

走♪我們出發吧

大略地介紹一下石垣、宮古群島

以石垣島為中心的八重山群島一共有9座個性迥異的有人島，
以宮古島為中心的宮古群島則是有8座海岸線十分漂亮的有人島。
在美麗的珊瑚礁環繞下，這是座亞熱帶花卉爭奇鬥艷的南方樂園。

充滿了神祕感
日本最西端的孤島
與那國島
よなぐにじま
P.108
有許許多多的海底遺跡和
神祕的觀光景點。沉沒於
西崎的日本最後一道夕陽
非看不可！

在大自然的環抱下
八重山的玄關
石垣島
いしがきじま
P.42
飛機和船隻來攘往，是八
重山的交通要衝。只要離
開市中心，就是一大片亞
熱帶的大自然。

台灣

與那國↔台灣
約111公里

石垣↔與那國
約124公里
飛機35分

八重山群島

與那國島

鳩間島

西表島

小濱島
竹富島

石垣島

黑島

新城島

滿山遍野的大自然
「東洋的加拉巴哥群島」
西表島
いりおもてじま
P.98
沖繩縣第二大島，
是一個覆蓋著叢林的祕
境。最好是參加戶外活動
型的旅行團。

甘蔗園一望無際的
度假勝地
小濱島
こはまじま
P.92
曾經是電視連續劇
『水姑娘』的舞台。
四周都是甘蔗園，
洋溢著樸素的風情。

波照間島

星星非常燦爛
日本最南端的有人島
波照間島
はてるまじま
P.110
周圍的海洋是八重山數一
數二的美景，同時也是日
本最多可以看到84個星
座的「星之島」。

美妙壯觀的珊瑚
氛圍十分悠閒的島嶼
伊良部島・下地島 📷 P.114
いらぶじま・しもじじま
二島之間由幾座橋樑連
接。2015年1月的伊良部大
橋通車，汽車可以直接由
宮古島前來。

那霸↔石垣
約405公里
飛機1小時

那霸↔宮古
約285公里
飛機50分

宮古↔石垣
約120公里
飛機30分

珊瑚礁美不勝收
水上活動的島
宮古島 🏊 P.116
みやこじま
擁有沖繩最美的海岸線，
可以盡情地享受潛水或浮
潛等水上活動。

伊江島　古宇利島
瀨底島
沖繩本島
渡嘉敷島
那霸機場

池間島
大神島
下地島
伊良部島
來間島
水納島

宮古群島

多良間島

傳統藝術之島
多良間島 📷 P.114
たらまじま
以沖繩首屈一指
的傳統藝術「八
月舞」最有名。

宮古群島和八重山群島是這樣的地方

位於沖繩本島遙遠西南方的群島。

宮古島位於沖繩本島的那霸西南方約285公里、距離
台灣270公里的地方，比台北到台中之間的距離還遙
遠。宮古島和石垣島之間約120公里，幾乎等於台北
到新竹之間的距離。至於海上的與那國島，距離台灣
還比到石垣島更近。

從地球儀來看
緯度和美國的邁阿密一樣！

八重山、宮古群島位於北緯24度，和舉
世名的度假勝地邁阿密、巴哈馬落在
同一條緯度線上。一年四季都是溫暖的
海洋性亞熱帶氣候，可以說是南方樂園
的度假天堂。

島上保留著
八重山的傳統街景
竹富島 📷 P.84
たけとみじま
沿著白沙的馬路，兩側是
紅瓦屋頂的街景。搭乘水
牛車參觀閒靜的村落是島
上的特殊風情。

坐擁廣大牧場
的心形島嶼
黑島 📷 P.96
くろしま
牛隻怡然自得地生活在這
座心形島嶼。珊瑚礁的海
岸相當優美，故以浮潛最
受歡迎。

中國	←東京	**北緯24度**	美國
台灣		八重山・	→邁阿密
		宮古群島	巴哈馬
		夏威夷群島	
澳洲			

石垣島和西表島、與那國島上有高山聳立，其他島嶼則都是平坦的地形。

3

抵達石垣島、宮古島後…

❶在素有「東洋最美」美譽的與那霸前濱海灘享受海水浴
P.118‧120 ❷觀賞潛水玩家們最想看到的鬼蝠魟
P.49 ❸日本最南端的美麗星空令人感動 P.110 ❹可以
和保育類動物大冠鷲相見歡 P.51 ❺日本最晚沉沒的夕陽
非常浪漫 P.108 ❻在一流的度假村裡享受優雅的假期
P.35

©海洋教室

終於到石垣島、宮古島了。

那麼，接下來要做什麼呢？

在美得令人嘆為觀止的自然裡，
可以盡情地玩耍、放鬆心情，
隨心所欲地享受南國的度假風情。

以石垣島為中心的八重山群島及以宮古島為中心的宮古群島在美麗的珊瑚礁環繞下，擁有一望無際的祖母綠海洋和亞熱帶叢林，而且還保留著傳統的村落等等。不論是潛入海中、森林健行、街道散步，皆可以隨心所欲，自由自在。在大自然裡玩樂的行程也應有盡有，一應俱全。享受使用島上素材的護膚療程，好好地放鬆一下也很不錯喔。

簡直就像是要被大海吸進去的自駕兜風。橋的另一頭是什麼島呢？ ⊠P.118

check list

- ☐ 租車在島上兜風
  ⊠P.44・118
- ☐ 搭船來趟離島巡禮
  ⊠P.80・82・114
- ☐ 潛水或浮潛
  ⊠P.18・48・52・122
- ☐ 在亞熱帶的叢林裡探險
  ⊠P.20・102
- ☐ 在傳統的街道上散步
  ⊠P.86
- ☐ 體驗島上的文化及農業
  ⊠P.24・54
- ☐ 護膚療程好好地放鬆
  ⊠P.66

珊瑚礁是魚兒們的天堂，也有小丑魚喔。 ⊠P.18・48・52・122

試著製作家家戶戶的守護神風獅爺。 ⊠P.25

前往叢林的深處，瞻仰神祕的瀑布。 ⊠P.20

使用了沖繩素材的護膚療程，身心靈都可以得到療癒。 ⊠P.66

紅瓦屋頂與白砂的小徑上還保留著傳統的街景。 ⊠P.86

抵達石垣島、宮古島後…

❶遠眺閃閃發光的海洋，在咖啡廳裡的陽台甲板上享用大餐➜P.64 ❷顏色鮮豔的芒果聖代有著美妙的風味➜P.124 ❸聞名全日本的石垣牛，以烤肉方式細細品嘗➜P.59 ❹在熱帶風情的花園裡享用當地的料理➜P.91 ❺購買充滿熱帶風情的飾品！➜P.87 ❻五顏六色可供日常使用的沖繩陶器➜P.26

要吃點什麼呢？

可以品嘗島上特有的鄉土佳餚、
或者是享用咖啡廳美食和甜點，
不妨大快朵頤一番大自然的恩賜。

從熱門的名店到街角的麵店，餐點的菜色和味道都非常有個性。不妨細細地品味每個島上的風味，例如軟嫩又多汁的石垣牛、苦得很有特色的苦瓜、清淡但滋味卻很優雅的烏尾冬仔、還有芒果等南方水果。

滿滿都是島上食材的山珍海味令人食指大動！ P.58

check list

☐ 鄉土美食
 P.58・126

☐ 咖啡廳美食
 P.60・64

☐ 離島麵
 P.30

☐ 島嶼甜點
 P.62・64・124

☐ 食堂美食
 P.56

咖啡廳美食既好看又好吃，最適合搭配泡盛或啤酒了！ P.60

離島麵好吃得令人跌破眼鏡。 P.30

曜習以絕佳的品味將珊瑚和貝殼編織而成的首飾。
 P.128

要買些什麼呢？

從傳統布料、陶瓷器
到首飾、T恤等等，
具有南國風味的商品琳瑯滿目。

傳統的織錦和宮古上布都洋溢著很有深度的品味，陶瓷器則是可以看出作者的個性。各式各樣使用島上素材製成的首飾和設計風格很大膽的T恤等等，令人眼花繚亂。各種商店都聚集在石垣島和宮古島的市中心。

杯子上的白臉秧雞是島上可以看到的可愛鳥類。
 P.26・72

check list

☐ 泡盛 P.32

☐ 購物景點
ユーグレナモール
商店街一帶 P.68

☐ 島上食物和飲料
 P.70

☐ 首飾及小東西
 P.72・128

小小的旅行
建議書

到石垣島和熱門的離島
玩3天2夜

第一次去八重山時，絕對要造訪的三個島。
以下為大家介紹以石垣島為據點，暢遊具有傳統城鄉之美的竹富島和
渾然天成的西表島景點的各項行程。

第1天

石垣機場
↓
吃八重山沖繩麵
享用較晚的午餐
↓
在海岸旁的公路
兜風
↓
川平灣
↓
在石垣市區吃晚飯
↓
飯店

13:00

抵達石垣機場，開著預約好的車子出
發進行島上巡禮！

抵達石垣島之後，
先環島一圈開車兜風

19:00

在**鄉土料理 磯**▷P.58裡
細細地品嘗島上的美食

在街上的**なかよし食
堂**▷P.56享用八重
山沖繩麵

在海岸旁開車兜風，
海風非常舒爽

15:00

搭玻璃船遊覽
艙內也很開心！

川平灣▷P.44如夢似幻的海洋令
人大開眼界

第2天
（上午）

飯店
↓
石垣港
離島碼頭
↓
竹富島
↓
水牛車觀光

暢遊過竹富島的美麗城
鎮和海灘之後，夜遊也
別錯過了…。

9:30

從**石垣港離島碼頭**
▷P.82搭高速船
前往竹富島

竹富島上屋頂的
風獅爺也值得一看！

10:00
搭乘著**水牛車**，參觀傳統
的城鎮▷P.86。導遊彈的
三線也很令人沉醉

水牛十分乘巧，路線
也都記得很清楚，正
在賣力工作著。

第2天（下午）

在露天座位區大啖繩
文竹籠蕎麥麵
↓
Kondoi海灘
↓
選購伴手禮
↓
回到石垣島欣賞
島歌演唱會
↓
飯店

12:30
グリルガーデンたるりや
在 ☞P.91的露天座位上，
享用著名的繩文竹籠蕎麥麵

回到石垣島，晚上前
往**芭蕉布**☞P.61，
跳著沖繩舞蹈好好地
歡樂一下

因為有淋浴間和洗手間，十
分舒適。夏天還有租借海灘
用品的店。

14:00

在**Kondoi海灘**☞P.87·91享受海水浴。千
萬別忘了做好防曬！

Island
在 ☞P.91購買美
麗的貝殼耳環

第3天

飯店
↓
離島碼頭
↓
西表島（大原港）
↓
仲間川紅樹林
遊船之旅
↓
搭水牛車往由布島
↓
回到石垣島購物
↓
石垣機場

西表島上享受大自然，
石垣島上歡樂購物趣
8:00

早一點起床，從石垣島離島碼
頭前往西表島的大原港

在石垣島離島碼頭
的商店發現了一種
叫作「ブラックジュー
シー」的食物，在黑
色的魚板裡塞滿了
黃色米飯，意想不
到的美味

9:00

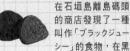

**參加仲間川紅樹林遊船
之旅**☞P.100拜訪神祕
的大樹

由布島上有一座長滿了
亞熱帶植物的植物園，
也有餐廳和商店。

14:30
回到石垣島，在港
口附近的商店街買
東西☞P.68

11:30

搭乘水牛車慢慢斯理地橫
越海峽，前往**亞熱帶植
物樂園 由布島**☞P.100

**購買沖繩傳統織紋
的精美小化妝包**

擬定計畫的訣竅

建議以石垣島做為離島巡
禮的據點，下榻在靠近離
島碼頭的飯店。由於餐飲
店和伴手禮店也都集中在
這一帶，所以非常方便。

宮古島3天2夜的充實行程

決定在宮古島展開沖繩離島之旅後，即使只是利用週末的短程旅行，
也一定要去參觀主要景點和從事水上活動。
不妨有效地利用時間，一直玩到回程的班機時間。

12:00

抵達宮古機場。首先開著租來的
車子直奔觀光景點

第1天

宮古機場
↓
東平安名崎
↓
在食堂吃
宮古麵
↓
上野德國文化村
↓
來間島
↓
吃點甜點小憩片刻
↓
在島的西海岸
觀賞夕陽
↓
在平良城吃晚餐
↓
飯店

11:00

從機場一路奔馳到宮古島首屈一指的風景名
勝**東平安名崎**✉P.119，就行駛不容易迷
路的海道道路吧

14:00
在位於半路上的**丸
吉食堂**✉P.31挑戰
宮古麵！

宛如中世紀城堡的建築物理是什
麼樣子呢？真令人好奇。

15:00
抵達宛如童話世界般的
上野德國文化村

也別忘了直接從德國進口
的可愛伴手禮（商品會因
時期而變動）

上野德國文化村 うえのドイツぶんかむら
主題樂園 ☎0980-76-3771 ⬜宮古島市上野宮国775-1
⏰9:00~17:30 ⬜週二（10~3月為週二四休）⬜博愛記
念館750日圓、キンダーハウス210日圓 ⬜有
⬜宮古機場車程15分 MAP 117 B-4

17:00

從兜風景點之一的**來間大橋**
✉P.118前往來間島

19:30
絕對不能錯過離島的夕陽。

17:30
在**楽園の果実**✉P.124裡一邊享
用南方水果的滋味，小憩片刻

20:00
回到市中心吃晚飯。
平良城有各式各樣的
宮古島鄉土美食任君
挑選✉P.126

在水上運動的聖地**與那霸前濱
海灘**✉P.118·120欣賞美麗
的夕陽

第2天

- 飯店
  ↓
- 池間島
  ↓
- 在八重干瀬玩
  水上活動
  ↓
- 雪鹽製鹽所
  ↓
- 砂山海灘
  ↓
- 在平良城吃晚餐
  ↓
- 飯店

在令人悠然神往的海邊
嘗試各種水上活動

9:30

駛過**池間大橋**⤴P.119前
往池間島。從池間島前往
巨大的珊瑚礁海洋—**八重
干瀬**⤴P.18近又輕鬆

10:30

搭乘水上活動
商家的船前往
八重干瀬

11:30

第一次看到藍得這
麼通透的海洋，真
是太令人興奮了！

縱身跳進期待已久的大海
裡。浮潛的裝備也很簡單

在海中看到色彩繽紛的熱帶
魚和珊瑚礁雄，令人感動！

15:30

在回市區的路上順道前往
雪鹽製鹽所，可以得到跟
鹽有關的詳細說明

雪鹽（雪塩）製鹽所 ゆきしおせいえんじょ
🈺觀光設施 ☎0980-72-5667 🏠宮古島市
平良狩俣191 🕘9:00～18:30(10～3月
為～17:00) 🈺無休 🈳入場、導覽免費
🅿有 🚗宮古機場車程30分 MAP 117 A-1

也販售製鹽所
限定包裝的商品

17:00

在回程路上去見識
一下以巨大的拱門
狀岩石聞名的**砂山
海灘**⤴P.120

第3天

- 飯店
  ↓
- 在體驗工房
  製作風獅爺
  ↓
- 在時髦的咖啡廳
  享用午餐
  ↓
- 宮古機場

如果是下午的班機，
還可以再玩一下

10:00

在**太陽が窯**陶藝工房體驗製作獨
一無二的風獅爺

能做出世界上獨一無
二、只屬於自己的伴
手禮真是太棒了！

12:00

在附設的**島Cafeとぅんからや**
裡享用南國的午餐。

往宮古機場

太陽が窯／島Cafeとぅんからや てぃだがかま／しまカフェとぅんからや
🈺體驗工房、咖啡廳 ☎0980-76-2266(工房)/0980-76-2674(咖啡廳)
🏠宮古島市上野新里1214 🕘10:00～日落(咖啡廳／11:00～17:00) 🈺週一
(逢假日則翌日休) 🈳陶藝體驗教室3000日圓(預約制，需時2小時，完成品
的運費另計) 🅿有 🚗宮古機場車程15分 MAP 117 B-4

擬定計畫的訣竅

事先抓出自己最想探訪的風景
名勝和海灘等等，設計出比較
有效率的走法是很重要的。訣
竅在於把行程從宮古機場或下
榻的旅館往北方、南方分開。

ことりっぷ co-Trip 小伴旅 石垣・竹富・西表・宮古島

CONTENTS

海島樂園的享樂方法

歡迎來到如夢似幻的樂園。
在閃閃發光的海水裡盡情嬉戲？
在風評甚佳的店裡用餐或逛街購物？
在度假村飯店裡好好放鬆一下或許也不錯？
不妨找出一套享樂方法，
在展現出各種不同風貌的島上享受只屬於自己的樂園。

美麗海
<ruby>美<rt>ちゅ</rt></ruby><ruby>麗<rt>ら</rt></ruby><ruby>海<rt>うみ</rt></ruby>

～藍白交映的海灘～

翻過雪白的砂山，眼前就是透明到不可思議的大海
一望無際的砂山海灘（宮古島）🔍P.11•120

從蘇打般的藍變化到蔚藍色的海水，
從那裡頭孕育出來的平穩波浪，
拍打在雪白的細砂海灘上。
浴沐在太陽的光線下，閃閃發亮的鮮明海岸線，
是讓人感受到南方樂園氣息的觀光景點。

海島樂園的享樂方法／美麗海的海灘

看到了全世界的潛水玩家都
夢寐以求的鬼蝠魟！

姿態
十分神祕

美麗海

~宛如珠寶盒的海底~

第一次的潛水就要
被海洋的魅力迷住

小丑魚
大特寫！

形狀琳瑯滿目的
珊瑚礁棲息在海中

不可思議的
形狀

陽光透進來的海底覆蓋著珊瑚的森林，

藍色、紫色、黃色，珊瑚的五顏六色令人大開眼界。

色彩繽紛的熱帶魚彷彿跳著舞似地在眼前來回悠游，

巨大的鬼蝠魟宛如滑翔機一般地從頭頂上經過。

這裡同時也是孕育出海洋生物的「蓋亞大地」。

尖叫的紅眼珊瑚蝦虎!?

探出頭來打招呼的紅點真動齒鳚

非常搶眼的紅番茄小丑魚

盡情地徜徉在閃閃發光的宮古島海中
在八重干瀬體驗潛水&浮潛

宮古島北方的海灣，是擁有巨大的珊瑚礁，海水清澈透明的八重干瀬。
如果想要看到色彩繽紛的珊瑚和熱帶魚，這裡是最適合的景點。
不妨來體驗一下潛水或浮潛的樂趣吧！

> 即便是第一次體驗，也可以放心地享受！

> 還可以近距離地看見可愛的小丑魚

外行人也能放心，輕鬆地享受潛水的樂趣。
即使沒有執照也無妨，任何人都可以輕鬆地體驗潛水之樂。一開始穿著不習慣的裝備在水中難免感到緊張，只要把身體放鬆，慢慢地深呼吸就行了。教練會從頭到尾教一遍，在水中也會透過眼神交流來覺察您的不安，所以大可放心地嘗試。

以下是基本裝備

●潛水腰帶
穿上潛水衣很容易浮起來，這會帶給身體往下沉的重量，有助於在海中保持平衡。

●蛙鏡
為了欣賞美麗的珊瑚、熱帶魚的必須品。請仔細聽清楚不會起霧的方法再潛入水中。

●手套
在近距離看見珊瑚或熱帶魚的時候，會忍不住想觸碰，所以請事先戴上手套，以免受傷。

●蛙鞋
只要穿上蛙鞋，就可以在水中大步大步地前進，在移動據點的時候能發揮相當大的作用喔。

●潛水衣
若長時間的潛水，即使是溫暖的海水也會讓身體冷卻。穿上潛水衣，一方面可以保暖，一方面也不會受傷。

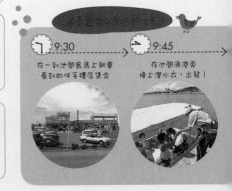

9:30
在一到池間島馬上就會看到的伴手禮店集合

9:45
在池間漁港旁換上潛水衣，出發！

色彩繽紛的熱帶魚
也會從眼前游過

在八重干瀨浮潛可以欣賞到
海面正下方一大片的珊瑚礁

裝備很簡單。
也可以一起挑戰輕鬆的浮潛！

如果是因為害怕不知道該怎麼操作器材而對潛水有所疑慮的人，特別推薦浮潛。雖然無法欣賞到只有潛入更深的地方才能看到震撼力十足的景色，但如果是八重干瀨的話，即使是海面附近也可以看到很漂亮的珊瑚及熱帶魚。倘若體驗潛水的人參加浮潛肯定可以充分地感受到不同的大海風采。

八重干瀨マリンハート
宮古島

在這家店
體驗

‖宮古島‖やびじマリンハート
潛水用品店 ☎0980-72-0405（需預約）
⛫宮古島市平良池間港（集合地點）🕐預約制（報名7:00〜22:00）🈺不定休（11月下旬〜3月上旬冬季不營業）💴八重干瀨體驗潛水費用13500日圓〜、八重干瀨浮潛8000日圓〜[含各種器材的租借費用、搭船費、保險費、午餐 ※另計美之海協力金500日圓]🅿有
‖‖宮古機場車程30分（集合地點）MAP 117 A-1

10:00

在船上接受基本課程，請仔細地聽清楚注意事項

10:10

抵達海水的顏色變得特別鮮豔的八重干瀨

10:30

浮潛的人可以直接跳進海裡，體驗潛水的人則要先在海面背上氣瓶後才跳進海中

11:00

教練會確實地帶大家到定點

12:00

近距離地看見五顏六色的珊瑚和熱帶魚令人感動！

之後在船上吃午飯。回程還可以繼續享受浮潛之類的樂趣，15:00左右回到港口（以基本路線為例）

也有搭船移動到別的定點潛水的路線喔（需要另外支付潛水的費用）。

想不想來西表島的秘境探險啊？
前往夢幻瀑布體驗海上獨木舟&叢林探險

西表島素有「東洋的加拉巴哥群島」之美譽，擁有豐沛的大自然。
在亞熱帶的叢林深處，還有一處不為人所知的夢幻瀑布。
不妨前往欣賞由自然孕育出來的神祕景觀。

划著海上獨木舟在靜謐的河川前進

河面上漂浮著一整片水茄冬的花景充滿了幻想的氛圍

以從陸路無法到達的瀑布為目標
划海上獨木舟和叢林探險的方式前進！

ナーラ瀑布奔騰流進西表島的祕境仲良川的源頭。這個從陸路無法到達的瀑布俗稱「夢幻瀑布」，前往探訪的人很少。可以參加稍微深入一點的行程，奮力地划著海上獨木舟逆流而上，再以叢林探險的方式去尋找夢幻瀑布。負責帶路的工作人員還會告訴您許多西表島的自然美景。

以從叢林深山散發出一切！

🕘 9:00
從幹線道路的終點白濱港搭乘2人共乘的海上獨木舟出發。

🕘 9:10
抵達長滿了紅樹林的仲良川河口。

🕙 10:00
一進入仲良川，只會聽到船槳划過水面的聲響。

🕚 11:00
划了2個半小時的海上獨木舟後上岸，開始叢林探險。

以下是基本裝備

●帽子
不僅可以用來遮陽，還可以保護頭部不被樹枝或岩石打到。

●救生衣
考慮到在水上的安全，請一定要穿上救生衣。

●長袖襯衫
用來避免曬傷及蚊蟲叮咬，以弄濕了也能馬上乾的材質為佳。

●槳
用來划動海上獨木舟的工具，利用兩側的槳片來划水前進。

●涉溪用的鞋子
即使踩在濕滑的岩石上也不容易滑倒的鞋子。

在叢林探險的過程中被夢幻瀑布壯闊的水花四濺感動到

瀑布底部十分寬敞，最適合玩水了。可以讓火熱的身體迅速降溫

12:00 → 14:00

在看過夢幻瀑布之後才享用的午餐排骨肉麵堪稱讓人間美味。

再次划著獨木舟回到白濱港，讓身體籠罩在回劃好的疲勞感裡。

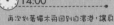

西表島皮艇體驗風車

在這家店體驗

《西表島》いりおもてじまカヌーツアーかざぐるま

旅行社 ☎0980-85-6441
🏠竹富町上原521
🕐預約制
休不定休
💴奮力地往前划！ナーラ瀑布之旅費用15000日圓（含導遊費、午餐、飲料、保險費等等），也有ピナイサーラ瀑布（瀑布底部＆瀑布上方）之旅費用11000日圓等
P有 ‼上原港車程2分（提供接送服務）
MAP 99 B-3

由於抵達白濱港的時間大約是16時左右，可以從石垣島當天來回。

美麗海

ちゅ ら うみ

~讓心靈沉澱下來的傳統文化~

竹富観光センター

充滿了島嶼的風情

水牛車慢慢地在白砂
路上前進 ☑P.86

有一道彩虹！

從Nagomi之塔將村內的紅瓦屋頂盡眼底 ⚐P.87

我可是這個家的守護神喔！

發現樣子讓人會心一笑的風獅爺 ⚐P.85

沉醉在優雅的舞姿裡

以暮色為背景的傳統舞蹈 ⚐P.77

盛開著鮮艷花朵的紅瓦屋頂的村落、
聽不清是從哪裡傳來的三線音色…。
在島上悠閒地散步，
第一次來卻不知怎地充滿了懷念的情懷，
或許是被島上溫柔的文化撫慰了心靈吧。

九重葛的色彩十分鮮艷！

島上居民共同維護著
美麗的街道 ⚐P.90

香味也很甜美

商店街上陳列著
五顏六色的南國水果 ⚐P.68

心靈音樂

深受島上居民喜愛的
三線和民謠 ⚐P.53

體驗全世界獨一無二的手工藝
浸淫在島上的傳統工藝及文化中

雖然無法與專業的技術相提並論，
但是也可以輕鬆地透過提供給初學者的體驗課程來製作東西。
因為是在室內體驗的行程，所以下雨天也不怕沒地方去。

八重山的傳統織品
體驗編織沖繩的傳統織錦

傳統的沖繩織錦相傳是以前女性為深愛的男人所編織的作品。不妨使用傳統的工具，試著製作杯墊或桌巾等等。一旦全力地投入在編織裡，將會忘了時間的流逝。

沖繩織錦

由機織的專家一步一步地耐心指導

あざみ屋 みんさー工芸館

‖石垣島‖あざみやみんさーこうげいかん

☎0980-82-3473
⬜石垣市登野城909
🕘9:00～18:00(申請體驗～16:30) ⬛無休 🅿有
🍴石垣機場車程25分
MAP43 A-1

沖繩織錦體驗	
費用	1500日圓～
需時	20分～
預約	需預約

大約會有30分鐘埋首於作業中

完成了～♪

15公分見方的杯墊大功告成！

用力地吹燒熱的玻璃塊
製作自己專用的杯子

可以接受八重山唯一一家琉球玻璃工房的工匠親自指導的吹玻璃體驗。將空氣吹入燒熱的玻璃塊裡，到成形只是一眨眼的作業，可以製作出圓滾滾，令人愛不釋手的專屬馬克杯（運費另計）。

吹玻璃

將空氣吹入燒熱玻璃塊裡的緊張瞬間

グラスアイランド

‖石垣島‖

☎0980-83-1260
⬜石垣市平得178 🕘9:00～18:30(體驗為10:00～17:00週六為～16:00) ⬛週日 🅿有
🍴石垣機場車程25分
MAP43 B-1 P.26

吹玻璃體驗	
費用	2000日圓
需時	約10分
預約	需預約

動著雙手，讓玻璃成型

世界上獨一無二的專屬玻璃杯！

幾天後就能拿到專屬玻璃杯

除了這裡介紹的以外，可能還有其他琳瑯滿目的體驗課程，體驗的所需時間也只是一個大概，所以去的時候不妨多抓一點時間。

只此一家別無分號
五顏六色的蠟燭

親手製作會散發出精油香氣的蠟燭，再加入宮古島的珊瑚，做成世界上獨一無二的作品，精緻的程度讓人捨不得點火來用。在等蠟乾的同時，可以跟店裡的工作人員有說有笑地聊天。

feu wax

‖宮古島‖フーワックス

☎0980-72-6144
介宮古島市平良東仲宗根
771-2-101
🕙11:00～19:00
㊡週三 🅿有
‼宮古機場車程15分
MAP 117 A-3

把燭芯綁在宮古島的珊瑚上安裝上去

製作蠟燭

將喜好顏色的蠟的碎片放進去，製造出圖案來

大功告成了！

等到蠟乾了以後，再從用來成形的杯子裡脫出來就完成了

製作蠟燭的 T作室	
費用	2500日圓
需時	約2小時
預約	需預約

以南國的自然為概念的美麗蠟燭（1500日圓～）

在各式各樣的工房齊聚一堂的
工藝村裡玩耍

陶藝、編織、製作日常用品、人字拖、印染、貝殼工藝、鄉土美食、宮古馬等9間工房齊聚一堂的工藝村。每一間工房都有提供可以體驗的課程（最好事先預約）。

宮古島市體驗工藝村

‖宮古島‖みやこじましたいけんこうげいむら

☎090-2961-4111
介宮古島市平良東仲宗根添
1166-286 宮古島市熱帶植
物園內 🕙10:00～18:00
㊡依工房而異
🅿有 ‼宮古機場車程10分
MAP 117 B-3

陶藝

因為會有老師教，所以初學者也沒問題

作者的個性會表現在風獅爺的表情上

陶藝（風獅爺製作體驗）	
費用	3240日圓（運費另外算）
需時	約2小時

人字拖製作體驗	
費用	3240日圓
需時	約2小時

人字拖藝術

使用雕刻刀，小心翼翼地沿著草稿雕刻

也有販賣藝術人字拖（橡膠拖鞋）1080日圓～

不妨靜下心來享受製作東西的過程吧。

海島樂園的享樂方法／島上文化體驗

A 看起來就很清涼的
編織包（包包）

B 穿起來很舒服的露兜樹葉的草鞋

C 睡在月桃或露兜樹製的枕頭
上，或許可以夢到島上風光

D 色彩繽紛的琉球玻璃
杯看起來就很開心

從島上買個東西給自己

生活中
可以使用的
小東西

在島上旅行的時候，如果剛好有一點空
檔，旁邊又剛好有老婆婆露出迎人笑臉的
伴手禮店，不妨進去找看看有沒有什麼好
東西可買，好讓家裡也隨時都能感受到南
國的風情。

E 簡單大方又樸素的
陶製茶杯平常就可以使用

A・B・C やちむん館 [石垣島] (**A**:8640
日圓～、**B**:3240日圓～、**C**:8640日
圓～) ☎0980-83-2536 ⌂石垣市大川
219 ⏱10:00～19:00（有季節性變動）
㊡不定休 Ｐ無 ‼石垣機場車程35分
MAP42B-1
D グラスアイランド [石垣島] (640日
圓～) ◹P.24
E さんぴん工房 [石垣島] 杯子、茶杯各
1650日圓～◹P.72
F CUERO [石垣島] (傳統織錦圖案皮
夾19000日圓～、零錢包9600日圓)
◹P.73
G Avancé-soap and leaf tea- [石垣
島] (シマノセッケン肥皂（香草、海鹽、
鳳梨）各1296日圓～、石垣島的Herb
water50ml1058日圓等) ◹P.72

F 愈用愈好順手的
傳統織錦圖案皮夾

G 使用自然材料的島上美妝品

H 以胡桐樹刻出的
藝術感啤酒杯

I 用漂亮的藍色碗
來吃飯

J 用防水材料做成
南國風格的飾品

K 天然色澤帶出
獨特色調的
水筆仔手染布

L 貝殼工藝的飾品有着
如珠寶般的光澤

M 硨磲貝的檯燈
透出夢幻的光芒

N 不妨將有溫暖感覺的
木製小玩具裝飾在房間裡

H クラフト&アートの店 マツリカ[西表島](4000日圓)☞P.105

I 南国雑貨 Tida[宮古島](1000日圓)☞P.129

J JALAN ARTS[石垣島](椰子手環3240日圓～、夜行貝手環5184日圓～) ☎0080 88 5290 ⌂石垣市大川214 ⏰10:30～19:30（夏季～20:00）㊡無休 ℗無 ‼石垣機場車程35分 MAP42B-1

K 服&琉球雜貨ぷ～ら[西表島](紅樹林染布的衣服4800日圓～) ☎0980-85-6211 ⌂竹富町上原339 ⏰10:00～18:00（冬季為10:30～17:00）㊡不定休 ℗有 ‼上原港車程5分 MAP99B-3

L Island[竹富島](夜光貝的項鍊3500日圓～)☞P.87

M おみやげ雜貨ヤフィタ[石垣島](硨磲貝燈3780日圓～) ☎0980-83-8689 ⌂石垣市大川10-1 ⏰10:00～19:00（5～10月為～20:00）㊡不定休 ℗無 ‼石垣機場車程35分 MAP42B-1

N イルカクラフト[石垣島](島木時鐘13500日圓～) ☎090-9787-2460 ⌂石垣市石垣1396-2 ⏰9:00～19:00 ㊡不定休 ℗有 ‼石垣機場車程30分 MAP43B-4

※各店的商品構成可能會變動。

海島樂園的享樂方法／生活中可以使用的小東西

27

充滿了各種可口的山珍海味
離島的美食就是這樣的感覺

運用南方島嶼才有的新鮮食材，
由島民的智慧與品味創造出各式各樣精緻美味的餐點，
島上的精華全都濃縮在裡面。

石垣島

要吃哪一道呢？
離島料理單點菜色

超過200種的菜色裡，精選的推薦6道菜。
天麩羅類可以點半份。

木瓜炒什錦
800日圓
將青木瓜和豬的五花肉拌炒
而成，可以享受到清脆爽口
的口感。

山蘇天麩羅
900日圓
將珍貴的山蘇新芽做成
天麩羅，充滿野趣又很
樸素的味道。

石垣牛肉沙拉 2000日圓
將高級石垣牛的橫隔膜稍
微炙烤一下就端上桌，口
感軟嫩而多汁。

假華拔天麩羅
650日圓
把稱為島胡椒的假華拔新
芽炸得酥酥脆脆的，獨特
的香味是其特徵。

林投嫩芽炒什錦
850日圓
選用林投樹的新芽後費工做成食
材，有著清淡而高雅的風味。

大蒜炒小章魚
950日圓
用奶油和大蒜將小章魚炒得肉
質柔軟風味十足。

也有和室座位的寬敞店內

可以品嘗到從山菜到石垣牛的多彩多姿島上風味
島料理居酒屋 あだん亭

しまりょうりいざかやあだんてい

林投的新芽是只有在島上有
慶典的時候才能吃到的傳統
食材，將其做成炒什錦或天
麩羅來吃。從島上特產的山
菜──山蘇到石垣牛，使用

了各式各樣的島上食材做成
鄉土美食，菜色多達200種以
上！不妨搭配石垣島的泡
盛，細細地品嘗。

鄉土美食 ☎0980-83-5221
⌂石垣市大川430-1F東
🕐17:00～23:00
㊡週二、中元最後一日 🅿有
🍴石垣機場車程30分
MAP 43 A-1 🔗P.56

巧妙地運用天然的食材，烹調出富有深度的風味是八重山和宮古島鄉土美食的特徵。也有些餐點的味道過於強烈，但是只要習慣那個味道以後，就會還想要再去島上喔。

宮古島

品嘗離島食材
宮古的鄉土美食

大量使用宮古島上食材的島料理，
道道都充滿巧思，島上居民的風評也佳。

**妙綱麵
（ソーメン
ちゃんぷる〜）
648日圓**
大量使用蒸煮鰹魚
的宮古島特有美味

**綜合生魚片
1080日圓
（1～2人份）**
生魚片或握壽司都
可以品嘗到當令的
海鮮

**紅蕃薯天麩羅
（紅イモ天ぷら）
648日圓**
外表酥脆內部膨鬆
的質樸美味

**酥炸烏尾冬
（グルクン唐揚げ）
540日圓**
將魚油炸得酥脆，連
頭和魚骨都酥脆入
口

可以吃到島上食材而有好口碑

鄉土美食老店孕育出的美味讓島民讚不絕口
おふくろ亭
おふくろてい

擁有日本料理經驗的老闆施
展身手的名店。什錦炒菜和
酥炸烏尾冬等的著名菜色，
到炙燒宮古牛壽司、海葡萄
海鮮丼等宮古島特有的菜色

一應俱全。運用食材味道的
調味方式，任何人都會覺得
美味。

鄉土美食 ☎0980-74-7723
⌂宮古島市上野新里36-1
⏰12:00～14:00、18:00～
21:00（有季節性變動）
㊡週日 Ｐ有 ♨宮古機場車程
10分 MAP 117 B-4

由於離島美食的份量都很多，食量小的人在點餐的時候不妨先告知「請少一點」。

每一碗都充滿了個性
品嘗離島麵

抵達島上之後，首先一定要嘗試的是離島麵。
每一碗都充滿了店家的個性和講究之處。
在進行離島巡禮的時候，不妨也到處吃離島麵吧。

石垣島 八重山麵（大）

代代相傳的樸實風味

風味清爽
550日圓

湯頭純淨，滋味清爽，加上細細的圓麵是傳統沖繩麵的風格。以毫不馬虎的作法守護著傳統的味道，也深受當地人喜愛。

推薦menu
八重山麵套餐⋯⋯⋯600日圓
沖繩雜炊（炊煮飯）⋯700日圓

八重山そば処 来夏世 やえやまそばどころくなつゆ

☎0980-82-7646　⌂石垣市石垣203　⏰11:00～14:00左右（麵賣完即打烊）　休週日、中元最後一日　P有　‼石垣機場車程35分
MAP 43 A-1

石垣島 塔可麵

辣醬和起司交織出絕妙風味

將塔可飯的配料放在八重山麵上；番茄辣醬和起司和麵條的絕妙搭配，是熱賣的當地菜色。

推薦menu
石垣牛塔可飯⋯⋯⋯⋯890日圓
排骨蓋飯⋯⋯⋯⋯⋯⋯890日圓

個性派
750日圓

石垣島キッズ いしがきじまキッズ

☎0980-83-8671
⌂石垣市大川203-1　⏰12:00～14:00、18:00～21:00（賣完即打烊）　休不定休　P無　‼石垣機場車程35分　MAP 42 B-1

石垣島 蔬菜麵（中）

和入口即化美味豬排骨極對味

大量放上的蔬菜帶來了甘甜風味，放上燒到入口即化的帶軟骨豬排骨更是美味。

推薦menu
八重山麵（中）⋯500日圓
豬排骨（一盤）⋯500日圓

個性派
700日圓

明石食堂 あかいししょくどう

☎0980-89-2447
⌂石垣市伊原間360　⏰11:00～15:00、18:30～20:30
休週一二、中元節　P有　‼石垣機場車程30分　MAP 43 C-2

石垣島 味噌麵

宮古味噌香醇的風味

以自製宮古味噌調製的味道香醇味噌麵，上面放了大量的葉菜和豆芽，健康滿點。還有微辣味噌的版本。

個性派
600日圓

推薦menu
微辣味噌麵⋯⋯⋯⋯700日圓
特製味噌麵
（豬排骨、五花肉、蛋分量）⋯800日圓

キミ食堂 キミしょくどう

☎0980-82-7897
⌂石垣市登野城319-6　⏰10:00～19:00　休週三、中元最後一日
P有　‼石垣機場車程30分　MAP 43 A-1

在八重山會把泡盛辣椒（將島上的辣椒浸泡在泡盛裡）和島上特產的胡椒加入麵裡。宮古島以泡盛辣椒和咖哩粉為主要的香料，請一定要試試看。

宮古島 ウヤキ麵

享受一下有錢人的氣氛吧!?

ウヤキ在宮古島的方言裡是「有錢人」的意思，放上豬排骨肉和豬腳、三層肉，是很豪華的一碗麵。十分濃郁的湯頭也非常好喝。

推薦menu
宮古麵（大）……550日圓
排骨麵……680日圓

個性派
850日圓

古謝本店 こじゃほんてん
☎0980-72-2139
⌂宮古島市平良西里165 ⏰11:00～15:00 休不定休 P有
🍴宮古機場車程15分 MAP 116 B-1

宮古島 排骨麵

大蒜的味道很香，令人精力充沛

非常濃郁的風味讓人忍不住想要大口大口地吃下燉煮到非常軟爛的豬排骨肉。以大蒜來提味的豬骨高湯也非常美味。

口感濃郁
700日圓

推薦menu
豬腳麵……700日圓
五花肉麵……600日圓

丸吉食堂 まるよししょくどう
☎0980-77-4211
⌂宮古島市城辺砂川975 ⏰10:30～18:00 休不定休 P有
🍴宮古機場車程15分 MAP 117 B-4

宮古島 沖繩麵（大）

宮古傳統的沖繩麵

不用一滴油，而是用柴魚和昆布、豬大骨提煉的湯頭風味清爽，十分容易入口。藏在麵條底下的豬肉和魚板也很令人驚艷。

風味清爽
500日圓

推薦menu
青菜麵……650日圓
排骨麵……700日圓

大和食堂 だいわしょくどう
☎0980-72-0718
⌂宮古島市平良西里819-3 ⏰9:30～19:00 休週二 P有
🍴宮古機場車程10分 MAP 117 A-3

宮古島 すむばり麵

海鮮的風味回味再三

蔬菜和雞肉、豬肉提取的清爽湯頭裡，加入充分調味後的章魚和海帶芽等多種海鮮。新鮮的章魚味道極美。

推薦menu
章魚麵……780日圓
章魚飯……780日圓

風味清爽
850日圓

お食事処 すむばり おしょくじどころすむばり
☎0980-72-5813
⌂宮古島市平良狩俣768-4 ⏰11:00～18:00左右(有季節性變動)
休不定休 P有 🍴宮古機場車程25分 MAP 117 A-2

ソーキ是豬的排骨，而テビチ則是豬腳的意思。

真有這麼多的種類嗎？
介紹當地的酒「泡盛_(あわもり)」

島上產的泡盛可以加冰塊來喝，做成花式調酒也很好喝。
味道好像過於強烈的樣子……以下就針對還沒有喝過的您，
介紹幾款有機會一定要嘗試看看的品牌。

石垣島 直火 請福_(じかび せいふく)
（30度 600㎖ 561日圓／請福酒造）
以直火釜蒸餾而成，風味十分強勁的
泡盛。濃重的甘醇是其特徵。

石垣島 八重泉_(やえせん)
（30度 600㎖ 561日圓／八重泉酒造）
石垣島上最常見的泡盛，具有芬芳醇
美的香氣，十分順口。

波照間島 泡波_(あわなみ)
（30度 600㎖ 時價／波照間酒造所）
產量極少，入手困難的夢幻泡盛。可
以大口大口地暢飲其清爽的風味。

泡盛是什麼樣的酒？
據說是從15世紀的暹邏（泰國）傳入
日本的一種蒸餾酒，特色在於是以黑
麴菌來對原料（泰國米）進行發酵。
泡盛蒸餾以後的「醪液」精華可以做
成黑麴酶，變成健康食品。

何謂古酒_(くーすー)？
指的是貯藏3年以上的泡盛、或者是
混入整瓶泡盛裡的古酒比率超過50%

的酒。泡盛在酒瓶裡還會繼續熟成，
當酒精濃度愈來愈高的同時，濃、
醇、香也都會倍增。

何謂花酒_(はなざけ)？
花酒是在與那國島釀造，酒精濃度高
達60%的泡盛。特色在於一含入口
中，瞬間會感覺到強烈的刺激，最後
留下溫和圓潤的甘甜風味。

●小常識●

宮古島 多良川_(たらがわ)
（30度 600㎖ 648日圓／多良川）
風味乾脆俐落的辛辣型泡盛，通常是
兌水來喝。

宮古島 菊之露_(きくのつゆ)
（30度 600㎖ 615日圓／菊之露酒造）
宮古島最具有代表性的泡盛，口感十
分溫潤，相當容易入口，也很受女性
的喜愛。

由於酒在沖繩縣的稅率和其他地方不同，因此泡盛的價格也不一樣。另外，每一家零售店的訂價也都有所出入。所以以下記載的價格請用來參考就好。

伊良部島 宮の華（みや はな）

（30度 600㎖ 561日圓／宮之華）
獨特的溫和圓潤中還帶著濃郁，風味十分細緻。

清爽・強勁・平順・濃郁

石垣島 請福VINTAGE43度（せい ふく ビンテージ 4 3 ど）

（43度 720㎖ 2829日圓／請福酒造）
使用100%加封條陳放3年的古酒。飲用時口感極為圓潤。

清爽・強勁・平順・濃郁

與那國島 どなん

（60度 600㎖ 2721日圓／國泉泡盛）
具有花酒原本的灼燒般喉韻，第一次喝的人建議加冰塊來喝。

清爽・強勁・平順・濃郁

與那國島 与那国（よ な ぐに）

（60度 600㎖ 2700日圓／崎元酒造所）
只有花酒才能釀造出這麼高的酒精濃度！不可思議的是，喝起來非常順口。

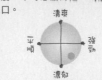
清爽・強勁・平順・濃郁

可以在這買到！

南西酒販 泡盛屋
‖石垣島‖なんせいしゅはんあわもりや

沖繩縣內所有釀造廠的泡盛全都齊聚一堂的「泡盛天堂」，也有內行人才會知道的限量商品。因為店裡的工作人員都對泡盛很了解，有任何問題都可以提出來。也可以上官方網站（http://www.awamoriya.net/）購買。

酒販店 ☎0980-83-2241 ⌂石垣市大川250-3 ◷10:00～24:00（週日～21:00）
休無休 ℗週日 ‼石垣機場車程30分
MAP 42 B-1

讓泡盛更加好喝的方法

●加冰塊來喝
可以品嘗到泡盛本來的風味。不妨加入大塊一點的冰塊，慢慢地享用吧。

●兌水喝
島上的居民最喜歡的喝法。以泡盛4：水6的比例來喝的話，甘醇風味會倍增喔。

●加茉莉花茶
洋溢著茉莉花的香味，口感也會變得比較溫和。要小心千萬不要喝醉囉。

●加酸桔仔
倒入亦稱為島檸檬的酸桔仔果汁，會呈現出非常清爽的風味。

33

沉浸在當貴婦的氣氛裡
高級度假村裡度過奢侈假期

如果想要忘卻日常生活中的忙碌，享受最完美的假期，
下榻在高級度假村飯店裡是最好的選擇。
以吃喝玩樂的方式度過好好放鬆的奢侈時光。

1

2

石垣島 **國際化的豪華度假村**

ANA InterContinental Ishigaki Resort
エーエヌエーインターコンチネンタルいしがきリゾート

正對著400公尺的白色沙灘是
マエサト海灘，這裡是石垣
島上規模最大的度假村。在
廣達9萬坪的飯店腹地內，坐
落著以帆船為設計概念的壯
觀塔翼（Tower Wing）和重

視安靜舒適的礁翼（Coral
Wing）等等。可以享受各種
水上活動，也可以在正統的
休閒設施裡悠閒放鬆。離石
垣市中心很近，要前往附近
的離島也很方便。

☎ 0980-88-7111
⌂ 石垣市真栄里354-1 ¥ 含早餐13500日圓～
⏰ IN 15:00 OUT 11:00 客室 共255間 P 有
‼ 石垣機場車程20分
MAP 43 B-1

1 以白色帆船概念設計的塔翼很壯觀
2 塔翼的客房從床上就可以看到窗外的大海
3 可以吃到各國美食的全天候自助餐廳「陽光海岸咖啡館」
4 飯店前就是淺海水的真榮里海灘

3 **4**

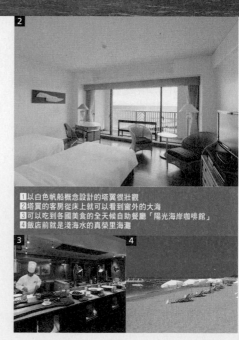

Wedding

在南國的樂園裡
舉行度假村婚禮
位於飯店腹地內的「Crudesur Chapel」
是日本最南端的教堂，在南國的花朵祝
福下舉行的度假村婚禮，肯定會成為一
生難忘的回憶。

1

海島樂園的享樂方法／高級度假村

1集海灘和溫泉、高爾夫球場、戶外活動、種類多元的餐廳於一身的綜合度假村
2大海盡收眼底的絕景咖啡餐廳「星塵花園」
3浴池向外望去，私人泳池的彼方就是大海美景
4熱帶花卉和綠意圍繞的「Shigira黃金溫泉」

宮古島 **島上的時間優雅流逝的高級度假村**

Shigira Bayside Suite ALLAMANDA

シギラベイサイドスイート アラマンダ

全部是大套房的客房裡，宮古島美麗海域盡收眼底。鮮豔的藍色就像是內裝般地，和統一設計為亞洲風格的客房巧妙融合。在陽台上喝著飲料，在躺椅上讀著書，還有泡在浴池裡，都可以您閒地欣賞不同風貌的海景。

☎ 0120-153-070（南西樂園訂房中心）
⌂ 宮古島市上野新里926-25
¥ 經典套房附早餐64800日圓～（1間費用）
🕐 IN14:00 OUT11:00 客室 共174間 P 有
🍴 宮古機場車程20分（提供接送） MAP 117 B-4

Guest Room

可以和愛犬
一起入住

一共有4種客房。1樓也有和愛犬一同居住的房間。腹地內還有廣大的狗兒運動設施，愛犬也能玩得很開心！

35

可以度過奢侈的大人時光
四周都是大自然的私房度假村

如果想要把日常瑣事全都拋到腦後，
歡迎前往四周都是南國大自然的私房度假村。
在這裡，可以在洗練的氣氛包圍下，心無掛礙地享受大人的假期。

伊良部島 **美好的時間靜靜流逝的小型度假村**

Villabu Resort
ヴィラブリゾート

位於伊良部島的南岸，全都是別墅式的度假村飯店。各自獨立，可以完全放鬆的別墅眼前就是一望無際的水平線，提供給客人宛如另一個世界的美麗風景和寂靜時光。庭院的游泳池和涼亭、全部都是大理石打造的浴室和好萊塢明星般享受的臥房呈現出極盡奢華的私人空間，身心同時都可以得到撫慰。

☎ 0980-78-6777
⌂ 宮古島市伊良部伊良部817
¥ 附早餐38500日圓～
🕐 IN14:00 OUT11:00 客室 共6棟（1棟最多3人）P 有
🍴 宮古機場車程30分 MAP 117 C-2

1 從各棟附泳池的庭院，大海美景盡收眼底
2 沖繩風情十足的紅瓦屋頂極富特色的Villa
3 開放式的臥室有著強烈的熱帶度假村氛圍
4 在Villa餐廳裡享用道地的全餐菜色

Esthetic
身心煥然一新的芳療護膚按摩
在每棟別墅都有的涼亭裡，一面看海，一面接受芳療護膚的按摩服務（收費），特別推薦給想要讓身心煥然一新的人。

1

1 建在亞熱帶叢林裡的度假村
2 寬敞的客房裡還可以聽見海浪聲
3 在主餐廳「イリティダ」裡可以亨用到自助晚餐「西表DEEP」
4 飯店前一望無際的月濱上的夕陽非常浪漫

西表島 在叢林度假村裡讓心情煥然一新

Hotel Nirakanai Iriomotejima

ホテル ニラカナイ いりおもてじま

在叢林的清新空氣包圍下，可以安安靜靜地享受大人假期的度假村。泳池裡游泳完泳之後，在每間客房都有的躺椅上小午睡一番，度過幸福的時光。想參加戶外活動來度假的人，就參加享受日本最後秘境的大自然之旅。用身體來感受到叢林度假的美好滋味。

☎ 050-3786-0055(訂房中心)
⌂ 竹富町上原2-2
¥ 附早餐10000日圓～
⏱ IN 15:00 OUT 11:00　客室 共140間　P 有
🍴 上原港車程10分(提供接送)　MAP 99 A-3

Tour

會舉行可以在祕境的
叢林裡嬉戲的各種行程
每天都會舉行盡情暢遊西表島叢林的各種行程。對叢林瞭若指掌的飯店專屬『戶外活動工作人員』也會一同前往，請不用擔心。

紅瓦的屋頂令人眼睛一亮
在私人度假村裡悠閒度假

如果想要享受不受任何人打擾的悠閒度假時光，
不妨下榻於一間間獨立的建築物裡。
特別推薦這種度假村飯店給想要盡情享受私人時間的您。

`石垣島` 八重山原始風景包覆下的小木屋度假村

Fusaki Resort Village

フサキリゾートヴィレッジ

腹地內有紅瓦白牆的小木屋，小徑兩旁則盛開著色彩鮮艷的扶桑花和九重葛，是可以欣賞到八重山原始風景的度假村飯店。如果想痛快玩個夠的話，可前往海灘或游泳池；若打算安安靜靜地看書，則可在福木的樹蔭底下閱讀。夕陽西下的時候，只要走到突出於海面上的展望平台，應該就可以看到足以留在記憶裡的落日。

☎ 0980-88-7000
🏠 石垣市新川1625
🍴 附早餐13000日圓～
🕐 IN 14:00 OUT 11:00
🛏 共151間 🅿 有
🍴 石垣機場車程35分 `MAP` 43 A-4

Activity

水上活動的選擇
也很豐富

可以在眼前的富崎海灘上享受水上滑板或水上摩托車等各式各樣的水上活動，熱愛戶外活動的人不妨一試。

① 分布著紅瓦白牆與陽光相映成趣的小木屋 ② 富崎海灘是看夕陽的名勝 ③ 自然風格的客房（圖為豪華客房）④ 採用石垣島新鮮食材入菜的餐點

可以在靜謐的小島上悠閒度假的
別墅式度假村

IsLand Terrace Neela
アイランドテラスニーラ

所有獨棟套房式小木屋的客房全都是面
對著大海的海景度假別墅。空間寬敞的
別墅裡躺椅和半露天按摩浴缸一應俱
全，也提供護膚服務。1天只接受5組客
人，最適合想要揮霍著無拘無束時光的
旅客。每一棟別墅都可以直接走到海灘
上。

☎0980-74-4678　※住宿限6歲以上
⌂宮古島市平良前里317-1
💴附早餐19800日圓(稅別)～
🕐IN15:00 OUT11:00
客室共5棟 P有
🍴宮古機場車程25分(提供接送)
MAP 117 A-1

Gourmet
在時髦的咖啡餐廳裡悠閒享受
在附設的咖啡餐廳裡可以享用到晚餐全饗
和炭烤晚餐等。在寧靜的池間島上度過美
食相伴的美好時光。需預約。

海島樂園的享樂方法／私人度假村

1 飯店入口處的遮陽傘令人印象深刻
2 可以看到海的半露天按摩浴缸也很舒服
3 室內的氣氛十分沉靜，讓人放鬆
4 露台上設有教堂、泳池的日落套房棟

從深藍色到蔚藍色，
然後再到鮮艷的祖母綠。
隨著陽光及海風的些微變化，
這片海洋的表情也會瞬息萬變。
眺望著川平灣，
似乎可以聽見大自然的呼吸聲。

拍攝地點：石垣島

石垣島

石垣島是連結日本本土與沖繩本島之間
飛機熙來攘往的八重山群島的大門口。
鄉土美食餐廳和伴手禮店都集中在市中心，
可以在這裡用餐及享受逛街購物的樂趣。
離開觀光客吵嚷沸沸湯湯的市中心
周圍就是超母綠的海洋和亞熱帶的叢林。
可以享受和抓海水浴在內多彩多姿的戶外活動，
或是接受正統的護膚療程好好地放鬆一下！

抵達石垣島之後…

終於抵達嚮往已久的石垣島！
入境大廳裡到處都是滿心期待這趟旅程的人。
首先必須知道從機場移動到目的地的交通方式。

●巴士
石垣機場↔巴士總站單程540日圓
巴士總站↔川平單程720日圓
●出租摩托車
3小時1500日圓、當天還車2000日圓～
●出租汽車
6小時4500日圓～、24小時5500日圓～

島上的交通工具（價格僅供參考）

已經租好車的人…

一般的作法是，預約時告知自己的抵達時間，租車公司的工作人員就會在機場的停車場附近迎接。在比對過身分之後，就會前往租車公司辦理租車手續。

出了入境門後右側是計程車乘車處，左側是路線巴士乘車處。到石垣港離島碼頭，巴士車資為540日圓（約45分）、計程車費用約為3000日圓（約30分）。

搭乘計程車或路線巴士的人…

有用的電話簿

●觀光綜合服務處
石垣市觀光文化課…………☎0980-82-1535
石垣市觀光交流協會………☎0980-82-2809
●租車公司
石垣島パシフィックレンタカー
　　　　　　　　　　　　　☎0980-87-0284
OTSレンタカー……………☎0980-84-4323
オリックスレンタカー八重山店 ☎0980-83-2727
トヨタレンタリース石垣島空港店 ☎0980-82-0100
日産レンタカー石垣空港店…☎0980-84-4123
●巴士
東運輸………………………☎0980-87-5423
●計程車
共同無線計程車……………☎0980-83-3355

※以上詢問處基本上使用的語言是日文，請注意。

地圖

名蔵
教育委員会事務局・
新栄公園
新栄公園球場
石垣市役所
市民会館
浜崎町
市立圖書館●
竹富町役場〇

P.63 Hau tree gelato
P.69あむりたの庭、そして音楽 C
P.69ユーグレナ・ガーデン C
P.72てしごとや S
P.60 Guest House "TIDANUFA" C
P.75音楽と農家の宿ティダヌファ C
P.61芭蕉布 S
ピースランド H
P.61 BAR TOO BOY S
P.33南西酒販 泡盛屋 S
P.73 OKINAWA CRAFT STORE 大田民芸 S
P.82 石垣島夢觀光 R
安榮觀光 R
P.82八重山觀光渡輪 R
Jazzすけあくろ R P.61
P.82平田觀光 R
ギャラリー&雑貨カフェ 石垣ペンギン S
P.82石垣島旅遊中心 R
南の美ら花ホテルミヤヒラ H
P.82西表島觀光中心 R
P.63・83七人本舗 S
P.83ともーるショップ S
P.83ポートショップK&K S
P.83 REKIO GORES 港店 S
P.82石垣港離島碼頭 R

P.72
琉木民宿
ひらりよ商店
P.69

K-house P.61
民宿樂天屋 P.132
宮殿內庭園
南嶋民俗資料館 H
民宿 八重山莊 P.132
石垣有線電視局 H
石垣島有線通り
桟橋通り 登野城2町内
P.26・72 さんぴん工房
辺銀食堂
まぐろ専門居酒屋ひとし 石敢當店 P.59
石垣島キッズ P.30
さよこの店 P.63 P.26・72
Avancé—soap and leaf tea— S
石垣市公設市場 P.68 S
石垣島特產品販賣中心 S
ちょっき屋 P.63 P.68・71 S

P.69
P.26・72
島料理の店南の島 P.56
沖縄の器 つぼや P.69 S
JALAN ARTS P.27
沖縄海邦
メームイ製菓 S 沖繩公園
ホテルグランビュー石垣 H
ゆうくぬみ P.69 R
郷土料理 磯 P.58 R
P.132 Hotel East China Sea H
琉球
稅務署
ホテルハッピーホリデー H

T&A ISHIGAKI P.73 S
石垣市
おみやげ雑貨ヤイマ S
P.27
やえやま

ヤマダ
26やちむん館 R S
P.71
ターミナルビル・巴士總站
石垣港湾事務所
八重山博物館
福宝堂ビル
マルハ鮮魚 R
労金 P.83
お菓子のマルシェ P.63

離島碼頭周邊
周邊圖 ▶右圖
上方為北方
0——100m
1:9,000

上方為北方
コ ココストア P.57
あさひ食堂
ココストア

A B C

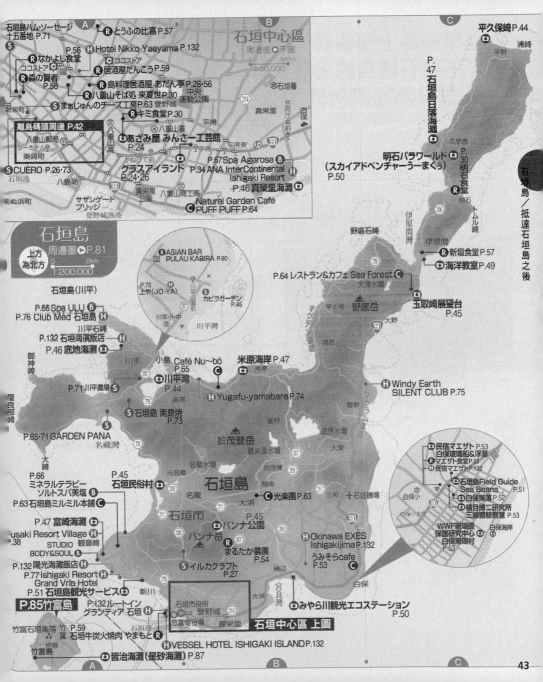

石垣バムソーセージ
十五番地 P.71

Ⓡ とうふの比嘉 P.57

石垣中心區
周邊圖🄵不圖
500m
1:50,000

Ⓗ Hotel Nikko Yaeyama P.132

P.56
Ⓗ なかよし食堂
ココストア
Ⓡ 森の賢者 P.58

Ⓡ 居酒屋だんこう P.59

Ⓡ 島料理居酒屋 あだん亭 P.28・56

Ⓡ 八重山そば処 来夏世 P.30

Ⓢ まぁじゅんのチーズ工房 P.63

Ⓡ キミ食堂 P.30

離島碼頭周邊 P.42
八重山郵局
ターミナル站

Ⓢ CUERO P.26・73

Ⓗ あざみ屋 みんさー工芸館 P.24

グラスアイランド P.24・26

Ⓑ P.67 Spa Agarosa

Ⓗ P.34 ANA InterContinental Ishigaki Resort

Ⓒ P.46 真栄里海灘

Natural Garden Cafe
Ⓒ PUFF PUFF P.64

平久保崎 P.44
浦崎
平野

P.47 石垣島日落海灘

明石パラワールド
(スカイアドベンチャーうーまくぅ) P.50

P.30 明石食堂
Ⓡ 明石
トムル崎
Ⓡ 伊原間

石垣島／抵達石垣島之後

石垣島
周邊圖▶P.81
上方
為北方
0 2km
1:200,000

石垣島 (川平)

P.66 Spa ULU Ⓑ
P.76 Club Med 石垣島 Ⓗ

P.132 石垣島濱飯店 Ⓗ

P.46 底地海灘 Ⓒ

御神崎

P.71 川平農場 Ⓢ

Ⓡ ASIAN BAR PULAU KABIRA P.60

P.75 上や (JO-YA)

Ⓢ カピラガーデン P.45

川平小中

野底石崎
P.64 レストラン&カフェ Sea Forest Ⓒ

Ⓡ 新垣食堂 P.57
Ⓒ 海洋教室 P.49

大浦水壩

野底岳

玉取崎展望台 P.45

Café Nu～bō P.65 Ⓒ

米原海岸 P.47

Ⓗ Yugafu-yamabare P.74

Ⓗ Windy Earth SILENT CLUB P.75

石垣島 南島焼 P.73

P.65・71 GARDEN PANA

名蔵灣

於茂登岳

P.66 ミネラルテラピー ソルトスパ美塩

P.45 石垣民俗村 Ⓒ

P.63石垣島ミルミル本舗 Ⓒ

P.47 富崎海灘 Ⓒ

Fusaki Resort Village Ⓗ
P.38

STUDIO 観音崎
BODY&SOUL Ⓑ

P.132 陽光海灘飯店 Ⓗ

P.77 Ishigaki Resort Grand Vrio Hotel Ⓗ

P.51 石垣島観光サービス Ⓗ

P.85竹富島

石垣市

Ⓒ 光楽園 P.63

P.45
Ⓒ バンナ公園

バンナ岳

Ⓡ まるたか農園 P.54

Ⓢ イルカクラフト P.27

新川

石垣市役所
登野城

竹富町役場

P.132ルートイン
グランティア 石垣 Ⓗ

竹富石垣集落 竹 P.59
石垣牛炭火焼肉 やまもと

Ⓗ VESSEL HOTEL ISHIGAKI ISLAND P.132

Ⓒ 皆治海灘 (星砂海灘) P.87

民宿マエザト P.53
白保玻璃船&浮潛
Ⓡ マエザト食堂 P.53
Ⓗ 民宿マエザト P.132

石垣島Field Guide Sea Beans P.51

Ⓒ 白保聚落 P.52

横目博二研究所 三線體験教室 P.53

WWF珊瑚礁 保護研究中心 白保珊瑚村 P.53

Ⓗ Okinawa EXES Ishigakijima P.132

うみそらcafe P.53 Ⓒ

Ⓒ みやら川観光エコステーション P.50

石垣中心區 上圖

43

租車將島上整個繞一圈
以下是石垣島的主要景點

石垣島有可以一面看海，一面將整座島繞上一圈的公路。
因為途中有許許多多的景點，所以最適合開車兜風了。
那麼，就租車將島上整個繞一圈吧。

從川平公園裡看到的灣內景觀獨樹一格

川平灣

灣 かびらわん

☎0980-82-1535（石垣市觀光文化課）⚑石垣市川平
Ｐ有 ‼石垣機場車程45分
MAP 43 A-3

川平灣是獲選為日本百景之一八重山首屈一指的風景名勝。如果想要將海的顏色瞬息萬變的光景一覽無遺，川平公園的展望台是您最好的選擇。

平久保崎

燈塔 ひらくぼざき

白色的燈塔就聳立在位於石垣島最北端的岬角上。一面迎著海風，一面居高臨下地俯瞰著祖母綠的大海實乃人生一大樂事。

☎0980-82-1535（石垣市觀光文化課）⚑石垣市平久保
Ｐ有 ‼石垣機場車程45分
MAP 43 C-1

石垣島最北端的景點

Start

石垣島一日兜風
行程標準路線

從730十字路口出發

約30km
55分

730十字路口位在市中心的主要幹道上。

往玉取崎展望台

約15km
30分

不妨在玉取崎展望台上欣賞珊瑚礁的大海和石垣島很有特色的地形。

往平久保崎

約40km
75分

從伊原間三叉路往前一直開，前往位於石垣島最北端的平久保崎。

往川平灣

前往石垣島上首屈一指的風景名勝川平灣，一定要看到顏色瞬息萬變的海水。

石垣島 整個繞上一圈
🚗 約3小時
（周圍139.2公里）

島上的主要幹道兩旁到處都可以看到水果和蔬菜的無人商店，可以買到新鮮現採又便宜的蔬菜水果，不妨繞過去看一下。

陳列著新鮮的鳳梨和火龍果等水果

石垣島／石垣島的主要景點

玉取崎展望台

展望台 たまとりざきてんぼうだい

扶桑花一年四季都會開放的展望台，可以看到珊瑚礁長得十分茂密的海岸線和石垣島的陸地上最狹窄的地方。
☎0980-82-1535（石垣市觀光文化課）🏠石垣市伊原間 Ｐ有
‼️石垣機場車程20分
MAP43 C-2

壯觀的珊瑚礁一望無際

バンナ公園

森林公園 バンナこうえん

從設置在バンナ岳一帶的公園內的好幾座展望台上，都可以將石垣島的街道盡收於眼底，市區晚上的夜景美不勝收。
☎0980-82-6993（バンナ公園管理事務所）🏠石垣市石垣961-15
💴免費入園 Ｐ有 ‼️石垣機場車程40分 MAP43 B-4

驅車奔馳在山路上，眼前就是市區風光

彷彿回到了過去的八重山

石垣民俗村

主題公園 いしがきやいまむら

將以前的民宅整個移建到廣大的園區內，重現過去島上生活的設施。可以一邊傾聽三線的聲音，一面接觸到八重山古老質樸的文化。
☎0980-82-8798 🏠石垣市名藏967-1 🕘9:00～17:30 🈚無休
💴入園費1000日圓 Ｐ有 ‼️石垣機場車程20分 MAP43 A-3

GOAL

在這裡吃午餐和買東西
カビラガーデン

綜合設施

☎0980-88-2440
🏠石垣市川平917-1
🕘9:00～18:00（用餐為～15:30）
🈚無休 Ｐ公園停車場
‼️石垣機場車程50分 MAP43 B-2

店裡頭擺滿了島上很有品味的伴手禮

約10km
15分

往石垣民俗村

感受一下八重山的傳統民宅及沖繩織錦

約15km
25分

往バンナ公園

開車兜風在亞熱帶公園裡整修完善的連續彎路上。

島上的最高限速為50公里，鬧區對違規停車的取締十分嚴格，請利用停車場。

一個人獨佔祖母綠的海洋
在海灘上度過自由時間

白色細沙的海灘在耀眼的陽光下變得閃閃發亮。
海灘的另一邊則是清澈又透明的祖母綠海洋。
不妨在宛如樂園一般的石垣島海灘上享受自由的時光。

真榮里海灘
マエサトビーチ

市區出發車程10分，ANA InterContinental Ishigaki Resort的海灘。非住宿客也可以使用，提供多種戶內活動。設有淋浴間、洗手間、販賣部等。

推薦的理由

※可以在沖繩最頂級的海灘度假村裡遊玩
※可以享受各式各樣的水上活動
※在海水浴的季節有救生員

☎0980-88-7111（ANA InterContinental Ishigaki Resort）🏠石垣市真榮里354-1 🕐游泳為3～10月的9:00～18:00（有季節性變動）🅿有 ‼石垣機場車程20分 ᴍᴀᴘ43 B-2

充滿活力地參加水上戶外活動！

在樹蔭下悠閒地看書也很不錯呢。

底地海灘
すくじビーチ

雪白的沙灘正前方就是一大片的木麻黃森林，製造出令人心曠神怡的樹蔭，可以在海邊盡情玩耍，或者是悠閒地看書或睡覺。設有淋浴間、洗手間。

推薦的理由

※因為海水不深，可以放心地從事海水浴
※生長在海岸邊的木麻黃樹蔭底下最適合看書
※晚上可以看到滿天燦爛的星星

☎0980-86-8686（石垣島沿岸レジャー安全協議会）🏠石垣市川平底地 🕐免費入場 🅿有 ‼石垣機場車程50分 ᴍᴀᴘ43 A-3

要不要稍微繞一下遠路，尋訪內行人才知道的海灘啊？

島上到處都充滿了小小的海灘，在兜風的途中，如果看到有點興趣的海灘，不妨把車子停下來，找找看有沒有通往海灘的小徑，或許可以找到只有島上的人才會知道的「私房海灘」。不過，在游泳的時候一定要特別小心喔！

還可以發現這麼漂亮的海灘

在海邊散步，心情也會跟著放晴。

推薦的理由

❋只要浸到膝蓋就可以看到熱帶魚

❋沙灘上遍布著珊瑚和貝殼

❋夏天有商店會營業，非常方便

米原海岸
よねはらかいがん

背後就是綠意盎然的米原露營區，白色沙灘十分美麗的海灘。由於潮汐的漲落很劇烈，比起游泳，還是在海邊散步較好。也有商店、淋浴間、洗手間。

☎0980·82-1535(石垣市觀光文化課)
⌂石垣市桴海 ⓛ免費入場 Ⓟ有
‼石垣機場車程35分 MAP 43 B-3

推薦的理由

❋營業期間都會有救生員常駐，可以放心

❋有選擇琳瑯滿目的體驗行程和戶外活動

❋夕陽美得不得了！

石垣島日落海灘
いしがきじまサンセットビーチ

位於島北部久宇良聚落內的期間限定開放的私房海灘，可以在沒有人工雕琢的大自然裡享受海中遊樂和欣賞夕陽美景。設有淋浴間、廁所、販賣部。

☎0980-89-2234(開放期間中)
⌂石垣市久保234-323
ⓛ游泳為5〜10月中旬的9:00〜18:00
¥設施使用費400日圓 Ⓟ有(1日300日圓)
‼石垣機場車程40分 MAP 43 C-1

如果想要沉醉在夕陽下…

推薦的理由

❋由於海水不深、風平浪靜，最適合海水浴

❋可以參加飯店的水上戶外活動

❋海灘左側的棧橋是欣賞夕陽的景點

富崎海灘

正對著石垣島西側的Fusaki Resort Village的海灘，也是很有名的觀賞落日景點，夕陽西下的時候會有很多人聚集在這裡。有淋浴間、洗手間。從3月中旬開放到10月底。

☎0980-88-7000(Fusaki Resort Village)
⌂石垣市新川富崎1625
ⓛ游泳為3月中旬〜10月的9:00〜17:30(有時期性的變動) Ⓟ有
‼石垣機場車程35分 MAP 43 A-4

石垣島的珊瑚礁是海洋生物們的樂園
北部地區則是潛水的最佳定點

石垣島是全球數一數二的潛水勝地，
其中又以北部地區的珊瑚礁長得很好，生物種類也很豐富。
可以在充滿魅力的海中盡情地與熱帶魚及鬼蝠魟嬉戲。

❶ 伊原間礁　伊原間リーフ

いばるまリーフ

內礁從初學者到潛水老手都可以享受到觀察熱帶魚的樂趣，外礁屬於比較壯闊的地形，大型魚也比較多。

■1 色彩鮮艷的魚兒們恣意悠游，最適合拍照
■2 也有很多的蝴蝶魚類

■1 充滿金花鮨和花鱸
■2 色彩鮮艷的魚兒們撫慰著人心

特別推薦的潛水點

日落海灘

海洋教室

③

②

底地海灘　米原海游

川平灣

石垣港　真榮里海灘

竹富島

❷ 米原區　米原エリア

よねはらエリア

是一片珊瑚礁的淺灘，海相平穩的潛水點。五顏六色的魚兒們會在明亮的海水中迎接大家。

❸ 曼塔-緊急起飛線

マンタスランブル

有很高的機率可以看到鬼蝠魟

位於川平灣外海，可以看到一整群鬼蝠魟的熱門潛水地點。

體驗潛水不能潛到看得到鬼蝠魟的深度。不過，如果是特選（鬼蝠魟）行程，就可以先在淺水區練習後，在第二次潛水時就可以潛下去觀賞鬼蝠魟。

Discover Scuba diving

\潛入米原區和\
鷲塔-緊急起飛線/
體驗回來了
鬼蝠魟（特選）路線!

海洋教室 うみの教室
うみのきょうしつ

對石垣島北部的海洋了解非常透徹的潛水用品店，工作人員的陣容及設備都很堅強，也有很多回訪的常客。

潛水用品店 ☎0980-89-2191
石垣市伊原間26-29 預約制
無休 鬼蝠魟（特選）路線
23850日圓（含課程&講習費、教材、小船的搭乘費、潛水器材、租借氧氣筒及潛水腰帶的費用、保險費，另外收1天648日圓的設施使用費。※租賃車享有來店優惠）
加值費用：午餐756日圓
有
石垣機場車程25分（提供接送）
MAP 43 C-2

潛水之前要先學習器材的使用方法和潛水方式。圖片說明簡單易懂！

搭上小船，開始人生第一次的潛水

看見期待以久的鬼蝠魟，真是太開心了！

巨大的陰影慢慢地靠近

教練會在海中傳授潛水方法的訣竅

會用白板來說明生物的特徵喔

色彩鮮艷的花鱸恣意地悠游在珊瑚之間

照片提供：海洋教室

\ 您知道嗎？ /
鬼蝠魟的學名為雙吻前口蝠魟。身長6.8公尺、體重2公噸，是世界上體型最大的魟魚。好奇心旺盛，很愛玩的性格深受潛水玩家的喜愛。

海象不佳時可能無法前往鬼蝠魟出沒的地點。

亞熱帶的大自然是玩樂的天堂
石垣島『海、陸、空玩法』大集合

一提到石垣島，給人的印象不外乎是「美麗的大海」，
但石垣島同時也是一座森林之島，島上矗立著沖繩的最高峰於茂登岳。
在各種領域裡都有多彩多姿的玩法，是其最吸引人的地方。

輕飄飄地變成小鳥！
搭乘滑翔翼在空中散步

真想變成一隻小鳥，從空中俯瞰南方島嶼
的風景……滑翔翼可以實現這個夢想。因
為是跟教練前後並排地一起邀翔，任何人
不用練習就可以輕鬆地飛上天際。

在只能聽見風聲的天空中，
感覺就像鳥兒一樣

從地上300公尺
的高度將石垣島
的風光盡收眼底

和背著像大電扇般引擎
的教練一起飛行

スカイアドベンチャーうーまくぅ

☎080-1076-5844
🏠石垣市伊原間249-42 明石
パラワールド内レストハウス(集
合地點) 🈺不定休 🅿有
🚗石垣機場車程30分
🗺43 C-1

滑翔翼遊覽
費用	10800日圓(內含保險費、飛行導遊費、滑翔翼器材使用費、設施使用費等等)
需時	40分
預約	要

在小型的叢林裡
盡情享受冒險的氣氛

生長在石垣島宮良川河口的大片紅樹林，
是被指定為天然紀念物的自然景觀區。河
寬大約20公尺，可以近距離地感受到兩旁
茂密的小型叢林和棲息著蝙蝠的小洞窟等
大自然。

可以觀察到濕地的
動植物

樹縫裡灑落的陽光令人
心曠神怡的寧靜紅樹林

紅樹林的居民，
招潮蟹

みやら川観光エコステーション

みやらがわかんこうエコステーション

☎0980-86-7079
🏠石垣市宮良985-5
🈺不定休 🅿有
🚗石垣機場車程10分
🗺43 B-4

獨木舟行程
費用	悠閒體驗路線5000日圓 (含導遊費、保險費)
需時	4小時
預約	需於一天前

原則上，參加島上的行程或戶外活動「最晚都要前一天預約」。最好能事先擬訂好玩樂的計劃，也別忘了照顧好自己的身體。

石垣島／海、陸、空玩法

在透明度無與倫比的海裡 盡情享受浮潛的樂趣

夢幻島是一旦退潮就會出現的白沙之島。因為海水很淺，所以就算是對游泳沒有信心的人，也可以享受浮潛的樂趣。在小小的パナリ（新城島）上岸吃午餐，然後再到黑島附近的珊瑚礁繼續浮潛。

黑島海灣有一大片壯觀的珊瑚礁

珊瑚礁的周圍是魚兒們的樂園

石垣島観光サービス

いしがきじまかんこうサービス

☎0980-73-9314
🏠石垣市新川舟蔵2464-1
🈺週日、假日 🅿有
🚉石垣機場車程35分
MAP 43 A-4

新城&夢幻島之旅
（4~10月底舉行）
費用／10000日圓(內含季船費、器材租借費用、保險費、午餐、接送)
需時／7小時
預約／提前一天的16時前

夢幻島美得令人屏息

器材類的都可以租借可以輕鬆地參加

長驅直入大自然 觀賞可愛的野鳥

在石垣島上可以觀賞到各式各樣的野鳥，是賞鳥的天堂。只要知道如何找到鳥兒們，馬上就可以看到可愛的鳥兒們。不妨跟觀察野鳥的專家們一起登山吧。

使用賞鳥望遠鏡就連鳥的表情都可以看得一清二楚

石垣島Field Guide Sea Beans

いしがきじまフィールドガイドシービーンズ

☎050-7551-4144
🏠石垣市白保70-4
🈺無休 🅿無
🚉石垣機場車程7分
MAP 43 C-3

賞鳥
費用／半天行程7000日圓、一日行程10000日圓(內含接送、簡餐、飲料)如果只有1人需加2000日圓
需時／3小時30分(半天行程)
預約／需於一天前

發現珍貴的大冠鷲了！

據說石垣島已經確認的候鳥一年有300種。

前往大海、天空、珊瑚的聚落
走訪白保一日遊

白保聚落裡還保留著傳統紅瓦屋民宅和福木林。
而這裡的海洋棲息著美麗的珊瑚群落。
可以在步調緩慢的小鎮裡過上一整天。

8:30
早點離開飯店，租車
前往白保。

靜謐的聚落裡時間彷
彿靜止了。

9:00
搭乘玻璃船，出發去浮潛。

往上

潛入海中，魚的數量之
多令人大吃一驚！

和小丑魚對上眼了。

這是世界上非
常珍貴的藍色
珊瑚礁群落。

往上

12:00

午餐是排骨麵（750日圓）。味道
十分細緻，一下子就吃完了。

13:00

悠然自得地散步在
福木林蔭道上
海風舒爽宜人。

進去白保珊瑚村看看。珊瑚其
實是一種很珍貴的東西呢。

由離島碼頭附近的巴士總站沿著機場線到白保巴士站牌需時45分，車資為410日圓。由石垣機場沿著機場線到白保巴士站牌需時10分，車資210日圓。可以感受到在地巴士悠閒的氣氛。

14:00

第一次挑戰三線。
1小時就可以學會彈簡單的民謠喔！

15:30

在離聚落有一小段距離的時髦咖啡廳小憩片刻。

有許多果肉的
芒果聖代
1000日圓

18:30

白保海岸的黃昏。總覺得心裡一陣糾結……

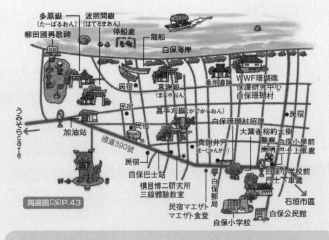

多原嶽
（たーばるおん）

波照間嶽
（はてるまおん）

柳田國男歌碑

伊船處

龍船

白保海岸

真謝嶽
（まじゃおん）

WWF珊瑚礁
保護研究中心
白保珊瑚村

番所遺跡

嘉手刈嶽（かでかるおん）

白保珊瑚村招牌

民宿

大蕪省榕的大樹

真謝井戸
（まーじゃんがー）

白保小學前
高崎 巴士上車處

民宿

加油站

國道390號

民宿

白保巴士站

橫目博二研究所
三線體驗教室

白保郵局

民宿マエザト
マエザト食堂

白保小学校

白保小学校前
巴士車處

白保公民館

石垣市區

うみそらcafe

周邊圖 P.43

周邊圖 P.43 MAP

如果已經申請好浮潛…

民宿マエザト 白保玻璃船＆浮潛

みんしゅくマエザトしらほグラスボートアンドシュノーケリング

浮潛行程 ☎0980-86-8065（需預約） 🏠石垣市白保68 🕐8:30、13:00（民宿マエザト集合） 🈺天候惡劣時 ¥4000日圓、3件裝備（面罩、呼吸管、腳蹼）租借費1000日圓、潛水衣租借費1000日圓 🅿有 🍴石垣機場車程7分 MAP 43 C-3

如果想了解珊瑚一點…

WWF珊瑚礁保護研究中心白保珊瑚村

ダブリューダブリューエフサンゴしょうほごけんきゅうセンターしらほサンゴむら

文化設施 ☎0980-84-4135 🏠石垣市白保118 🕐9:00～17:00 🈺週三 ¥免費入館 🅿有 🍴石垣機場車程10分 MAP 43 C-4

如果想吃排骨麵…

マエザト食堂

マエザトしょくどう

🈺 ☎0980-86-8065 🏠石垣市白保68 🕐11:00～17:00 🈺週二 🅿有 🍴石垣機場車程7分 MAP 43 C-3

如果想學三線…

橫目博二研究所 三線體驗教室

よこめひろじけんきゅうしょさんしんたいけんきょうしつ

三線教室 ☎0980-86-8069（需預約） 🏠石垣市白保57 🕐9:00～22:00 🈺不定休 🕐1小時1500日圓 🅿有 🍴石垣機場車程7分 MAP 43 C-3

如果想看海小憩片刻…

うみそらcafe

うみそらカフェ

咖啡廳 ☎0980-86-7580 🏠石垣市白保788-32 🕐11:30～16:30 🈺不定休 🅿有 🍴石垣機場車程5分 MAP 43 B-4

白保珊瑚村在每週日10:00～13:00會舉辦白保週日市集。

島上的美食充滿了大自然的恩賜
想不想挑戰一下拔菜＆烹飪體驗啊？

石垣島的媽媽們分享島上傳統的菜色，
自己採收的菜做成的餐點風味別具一格。
體驗作菜的同時，也可以品嘗到媽媽們做的午餐。

農園的媽媽們所傳授的石垣島蔬菜料理

下田體驗採收

各式各樣的蔬菜都是有機栽培

長命草及土人參、
魁蒿等等，都是
沖繩才有的
蔬菜及野草

農園位在バンナ岳的山腳下

嘗試烹調島上的蔬菜

首先要到田裡採收蔬菜，將剛採回來的蔬菜調理成炒什錦或燙青菜等等。可以請教珠子媽媽一些沒看過的山菜或野草叫什麼名字，或者是學習島上料理的烹調方法，開開心心地學習。離島美食的午餐令人心滿意足。

在這裡體驗
まるたか農園
まるたかのうえん

☎0980-83-1665
🏠石垣市登野城2151-5 🕐要在3天前預約 🈺不定休 ¥體驗費2500日圓（含材料費、附午餐）🅿有 ‼石垣機場車程30分 MAP43 B-4

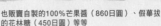

也販賣自製的100%芒果醬（860日圓）、假華拔的花林糖（450日圓）等等

這裡是向島上媽媽們學做菜的珍貴機會，所需時間約2小時，而且一下子就過了。

使用現採蔬菜的烹調體驗

1 將空心菜的莖和葉子分開，較硬的莖先炒

2 將切片的大蒜和五花肉、空心菜一起炒，以鹽和胡椒調味

烹飪體驗菜色2道
蒜片炒空心菜
和涼拌土人參

珠子媽媽的手工菜
附使用大量島上食材
做的份量十足午餐

3 用鹽水汆燙的土人參做的涼拌也完成了

4 圍著島上料理的午餐時間。真像烹飪教室的老師和學生

從以前吃到現在的沖繩蔬菜和野草，都對身體很好而且又好吃哦

まるたか農園的
高西珠子女士

まるたか農園的島上蔬菜體驗，每個季節都有不同的食材。

沖繩的家常菜是什麼味道？
石垣島食堂美食

島上的居民常常都會光顧鎮上的當地食堂。
在這裡，價格經濟實惠的家常菜一應俱全。
可以享受到島上的美食，又可以把肚子填得飽飽的。

炒什錦系 **離島美食的王道** 所謂的炒什錦，是把好幾種食材炒在一起的食物。也用來做為苦瓜及豆腐等炒菜的總稱。菜色變化多端也能立即上桌。

苦瓜炒什錦 ゴーヤチャンプルー 1

拌炒切成薄片的苦瓜是最受歡迎的沖繩美食。每家店的味道和材料都不太一樣。

因為將苦瓜烹調得剛好，所以不會太苦，而且含有豐富的維生素C

750日圓

素麵炒什錦 ソーメンチャンプルー 2

將鮪魚和蔬菜加到汆燙過的素麵後，大火快炒而成的一道菜。最好是把素麵燙到還留有一點芯的狀態。

簡單地用鹽調味就能把食材的美味帶出，加入墨魚汁的素麵炒什錦也很受歡迎

640日圓

木瓜炒什錦 パパイヤチャンプルー 3

將青木瓜切成細絲，跟豬肉及青菜一起拌炒。木瓜含有豐富的脂肪分解酵素。

把木瓜當成蔬菜來使用是沖繩特殊的作法，其口感及風味跟蘿蔔很像

800日圓

豆腐炒什錦 豆腐チャンプルー 4

沖繩的豆腐帶有淡淡的鹹味，也比較硬。跟豆芽菜等蔬菜一起迅速地拌炒一下。

島豆腐充滿大豆的風味，和味道清淡的蔬菜可以說是絕配！

600日圓
(定食)

煎豬肉蛋 ポーク卵焼き 5

也有這樣的餐點

香煎豬肉罐頭的火腿「午餐肉」，再加上煎蛋，是最常見的早餐菜單。

午餐肉是島上居民熱愛的食物，滋味濃厚，非常下飯

600日圓
(定食)

照片中的餐點

1 2 島料理的店 南の島
しまりょうりのみせばいぬしま
☎0980-82-8016
🏠石垣市大川224
🕚11:00〜14:30、17:00
〜22:30 假週日、中元
最後一日 P有 ‼石垣機場車程35分 MAP42 B-1

3 島料理居酒屋 あだん亭
しまりょうりいざかやあだんてい
🗺P.28

4 なかよし食堂
なかよししょくどう
☎0980-82-3887
🏠石垣市新栄町26-21
🕚11:30〜19:15
假週三 P有 ‼石垣機場車程35分
MAP43 A-1

當地有名的食堂每到中午用餐的時候，就會被島上的居民們坐得滿滿的。如果想要好好地品嘗午餐，最好鎖定11時到12時、13時到14時前往。

湯湯水水系 點用湯品時的"經驗談"

舉例來說，如果點的是「味噌湯」，端上桌的可是大碗公的味噌湯和白飯的套餐。如果同時點定食類和味噌湯的話，會上來兩碗飯，請特別注意。

味噌湯 みそ汁　6

與日本本土的味噌湯不太一樣。是充滿蔬菜、肉、豆腐等等的豪華版，光這碗湯湯幾乎就能飽餐一頓。

500日圓

> 略帶甜味的味噌富有香氣和風味，可以突顯出各種食材的美味

排骨湯 ソーキ汁　7

用豬小排骨（豬的肋骨）提煉的湯頭，再加入海帶結和切成大塊的蔬菜熬煮而成的一道菜。

700日圓

> 海帶和蔬菜的甘甜美味都融入豬骨高湯裡，非常美味！

牛肉湯 ぎゅう汁　8

主要的材料是牛肉塊和牛雜，跟蔬菜一起細火慢燉到軟爛，做成非常濃郁的味道。

> 加入一大堆切得很大塊的材料，看起來也很豪華，是能讓人精力充沛的一道菜

1000日圓（定食）

豆腐花 ゆしどうふ　9

將凝固前還鬆鬆軟軟的豆腐做成湯品來吃，宛如在嘴巴裡融化的溫柔口感令人欲罷不能。豆腐對胃很好，最適合當早餐。

> 宛如大片雪花般的豆腐滋味濃郁，因為做成湯，所以可以一口接一口地喝下

小：350日圓（定食）

豬雜湯 なかみ汁　10

用豬內臟熬煮而成的湯頭，再以鹽和胡椒簡單地調味，富有大量的膠原蛋白。

600日圓

> 加在豬肉精華裡的生薑具有畫龍點睛的效果，吃起來的感覺非常高雅

來自以下店家

5 6 7 10
あさひ食堂
あさひしょくどう
☎0980-82-3234
🏠石垣市登野城218
🕐12:00～17:00、18:00
～20:30 週日、中元節最後一日 P有 ‖石垣機場車程30分 MAP 42 C-1

8
新垣食堂
あらかきしょくどう
☎0980-89-2550
🏠石垣市伊原間59
🕐11:30～14:00(售完即打烊) 週日、每月1次週六 P有 ‖石垣機場車程25分 MAP 43 C-2

9
とうふの比嘉
とうふのひが
☎0980-82-4806
🏠石垣市石垣570
🕐6:30～15:00(售完即打烊) 週日、中元節最後一日 P有 ‖石垣機場車程30分 MAP 43 A-1

因為食堂的餐點份量十足，所以點太多的話，可能會吃不完喔。

いっぺーまーさん（非常地美味）
在名店裡品嘗佳餚美饌

即便都是「沖繩美食」，但是『每家的菜色都不一樣』。
如果是在石垣島，就要選擇石垣島才有的山珍海味。
享用非常好吃的料理，讓離島旅行變得更加快樂。

❶油炸烏尾冬仔及海藻湯等等的鄉土美食梅定食1950日圓
❷店面乍看之下似乎很高級，但是提供的都是物美價廉的定食

❶用薑黃鹽等沾著當季山菜或野草的石垣島天麩羅1150日圓～
❷因為座位不多，所以最好事先訂位

物美價廉的定食全是當地美食
鄉土料理 磯
きょうどりょうりいそ

使用當地的食材，可以品嘗到八重山庶民風味的名店。鄉土特色豐富的定食菜單超過10種，非常充實。使用當季食材的「本日主廚推薦」（單點菜色）也很受歡迎。

鄉土美食
☎0980-82-7721
🏠石垣市大川9 🕐11:00～14:30、18:00～21:00（有季節性變動）❌不定休
🅿有 ‼️石垣機場車程35分
ᴍᴀᴘ 42 B-1

第1名！

以八重山產的米味噌做出的田舍味噌湯定食770日圓，以高雅的香氣和富有層次感的豐富味道著稱。碗裡滿滿的料，滿足度也第1名。

運用樸實的島上食材製成養生的餐點
森の賢者
もりのけんじゃ

使用山菜及野草、魚貝類等當地食材，不惜費工費時處理，將食材的原味發揮到淋漓盡致。可以品嘗到賢者風格的餐點，如用泡盛、黑糖、香草燉的沖繩東坡肉，和長命草風味近海魚的南蠻漬等等。

創作料理
☎0980-83-5609
🏠石垣市新川49-2
🕐18:00～23:00 ❌不定休
🅿有 ‼️石垣機場車程35分
ᴍᴀᴘ 43 A-1

這也很好吃！

將香草和香料混在一起，做成新鮮的醬汁，淋在近海魚上的義式生魚片850日圓。將食物的美味突顯出來的醬汁全都是自製的。

這裡為大家介紹的都是名店,「石垣牛炭火燒肉 やまもと」在夏天幾乎訂不到位子,其他的店家最好也都提早訂位,以免向隅。

1每次都賣到缺貨的鮪魚壽司980日圓
2店內的氣氛令人心情平靜

肉質鮮嫩的鮪魚具有不怕人比較的鮮度
まぐろ專門居酒屋ひとし 石敢當店

まぐろせんもんいざかやひとしいしがんとうてん

可以品嘗到使用新鮮上等的鮪魚做成的佳餚。除了肉質鮮嫩的鮪魚生魚片以外,黑鮪魚的生肝風格菜色等創意海鮮料理都很受歡迎。

鮪魚大餐　☎0980-88-5807
⌂石垣市大川197-1 ⏰17:00～23:00
休週日、中元最後一日 Ⓟ有 ‖石垣機場車程30分 MAP42 B-1

特別推薦!

鮪魚和海葡萄的軍艦捲1捲180日圓。鮪魚和一顆一顆的海葡萄十分對味。

1可以享用到美味不同凡響的最高級石垣牛 2吧台區和日式座位

用炭火燒烤最高級的石垣牛
石垣牛炭火燒肉 やまもと

いしがきぎゅうすみびやきにくやまもと

鎮店之寶是用七輪的備長炭燒烤上等里肌肉的「烤牛肉」。里肌肉和牛小排的滋味也很豐富。因為是很熱門的餐廳,所以請提早訂位。

燒肉　☎0980-83-5641
⌂石垣市浜崎町2-5-18 ⏰17:00～(售完即打烊) 休週三 Ⓟ有 ‖石垣機場車程35分 MAP43 A-4

鎮店之寶!

烤石垣牛1人份1720日圓,帶有淡淡甜味的肉汁會在嘴巴裡擴散開來。

1燉鱒魚的湯頭也很美味,魚肉的鮮甜都融在裡面 2連骨頭都炸得香酥可口的油炸烏尾冬仔640日圓

深受當地人愛戴的美食居酒屋
居酒屋だんこう

いざかやだんこう

可以品嘗到廚師發揮手藝的鄉土美食,像是炸得酥酥脆脆,連骨頭都可以吃的油炸烏尾冬仔、風味十分細緻的燉鱒魚(鹽味清燉)等等。

鄉土料理　☎0980-82-1598
⌂石垣市石垣168 ⏰18:00～23:00 休週一 Ⓟ有 ‖石垣機場車程30分 MAP43 A-1

這也很好吃!

將一整隻豬腳下鍋油炸的炸豬腳640日圓。皮被炸得脆脆的,裡頭的肉軟嫩彈牙。

石垣島對違規停車的取締很嚴格喔!就把車子停在停車場裡,安心用餐吧。

島嶼雞尾酒和島歌演唱會
島上夜晚要怎麼過呢？

好酒和道地美食、再加上島歌演唱會……。
石垣島有很多魅力十足的店都是晚上才營業。
那就好好地享受島上特有的愉快時光吧。

如果也想要享用晚餐……

1 可以當成簡單消夜來吃的健康創意美食
2 室內寬敞、充滿開放感。可以在南國風情的包圍下度過夜晚

使用島上食材的正統供餐咖啡廳
Banana Cafe
バナナカフェ

使用島上產的水果、醋酸及泡盛調製而成的花式調酒是追求石垣島風味的正宗。也可以品嘗到巧妙地加入島豆腐和島蔬菜等等的創意美食。將紅芋冰淇淋做成千層派之類的甜點也超級美味。深夜總是高朋滿座，建議早點上門。

> 如果喜歡花式調酒……

百香果和優格的花式調酒——南國優格（950日圓），具有酸酸甜甜的清爽風味。這裡可以喝到各式各樣的原創調酒。

推薦menu
豆腐和蔬菜的生春捲…850日圓
酒糟豬和香菇的比薩…1300日圓
健力士生啤酒…1000日圓

（供餐的咖啡廳）☎0980-88-7690
🏠石垣市大川269-8 🕐14:00~翌1:00（週四為18:00~）🈲週四中午
🅿無 ‼石垣機場車程35分 MAP42 B-1

在瀰漫著南國風情的酒吧享用峇里島美食
ASIAN BAR PULAU KABIRA
アジアンバーブラウカビラ

1 印尼炒飯是上頭有煎太陽蛋的峇里島式炒飯
2 室內設計和背景音樂也都是走峇里島風

一踏進私房餐廳式的店裡，就宛如置身在峇里島。自製的參巴醬帶出美味的特製PULAU比薩、八重山麵的印尼炒麵等，石垣島上只有這家能吃到巧妙融合島上食材的峇里美食。

> 甜點也不錯

一口下去滿嘴南國風味的人氣椰子烤布丁（450日圓），以濃郁風味著稱。卡士達烤布丁（400日圓）也值得一嘗。

推薦menu
PULAU比薩…900日圓
八重山麵的印尼炒麵…900日圓~
印尼炒飯…900日圓~

（供餐的咖啡廳）☎0980-88-2620 🏠石垣市川平852-2 🕐12:00~15:00、17:00~24:00 🈲週三（1月中旬~3月初不營業）🅿有
‼石垣機場車程50分 MAP43 A-2

位於市中心的美崎町是石垣島首屈一指的夜生活據點，時間愈晚，愈多人出門，終日熱鬧滾滾。

如果想要安靜地喝杯酒……

1 深夜店裡經常擠滿當地居民
2 泡盛雞尾酒「琉華」900日圓

可以品嘗到美味的泡盛雞尾酒
BAR TOO BOY
バートゥーボーイ

在八重山泡盛雞尾酒大賽中榮獲最優秀獎的「琉華」、「SHAMA」刻意降低了甜味，調製成成熟的風味。也可以告知自己的喜好，請店家特製一杯原創雞尾酒（800日圓～）。

酒吧 ☎0980-82-5443
⌂石垣市美崎町13-8 2F
🕐21:00～翌3:00 休不定休 P無
‼石垣機場車程35分
MAP 42 B-1

1 吧台只有10個座位的小酒吧
2 以泡盛為基底的「藍調音」800日圓

流洩著爵士音樂的私房酒吧
Jazzすけあくろ
ジャズすけあくろ

除了花式調酒，也可以以小杯的方式品嘗到石垣島的各種泡盛（500日圓～）。最適合想要一面傾聽著從真空管放大器裡流洩出來的爵士音樂，一面靜靜品酒的人的店。

酒吧 ☎090-3796-8326
⌂石垣市大川213-1-B1
🕐19:00～翌1:00 休不定休
P無 ‼石垣機場車程35分
MAP 42 B-1

1 家庭式的氛圍讓人感到不可思議的平靜
2 以略帶甘甜的泡盛為基底的花式調酒700日圓

由老房子改建而成的日式咖啡廳酒吧
K-house
ケイハウス

比較甘口的花式調酒和3種泡盛（1000日圓）非常受歡迎。也有自製的下酒菜和咖啡、霜淇淋，就連滴酒不沾的人也能樂在其中的酒吧。

咖啡廳酒吧 ☎0980-82-0191
⌂石垣市大川180-2
🕐19:00～翌2:00
休週日 P無
‼石垣機場車程35分
MAP 42 B-1

如果欣賞島歌演唱會…

1 古老的民謠表演形態
2 鳩間隆志先生和千代子小姐唱出令人心曠神怡的歌聲

帶有滿滿感情欣賞八重山民謠
芭蕉布
ばしょうふ

民謠現場演唱的店，可以輕鬆欣賞八重山情歌和小濱節等的八重山民謠。一天會舉行2、3場約60分鐘的現場演唱會。第一次演唱約在21時左右。

民謠酒場 ☎0980-82-7765
⌂石垣市美崎町12-12 🕐20:00～翌1:00 休每次演出2500日圓（附飲料）P無
‼石垣機場車程35分
MAP 42 A-1

計程車營業到早上，晚歸也可以放心。

使用島上培育食材的
島嶼甜點，等等

在島上盡情地遊覽後，口也渴了，肚子也餓了吧。
這種時候毫不猶豫地進入「點心時間」吧！
以下就為大家介紹石垣島上的美味甜點。

炎熱的夏天還是要
冰涼的甜點

1

膨鬆帶汽泡口感的
大理石冰淇淋

4

清爽又新鮮的風味

5

芭樂味和香氣
令人沉醉不已

2

以牧場直送
生乳製成牛奶的
義式冰淇淋

3

泡盛風味清淡爽口

6

冷藏後風味更佳的
鹽蛋糕捲

在石垣島的市中心，可以品嘗到各式各樣的甜點，從傳統的甜點到最新的甜點，應有盡有。也有很多人是在逛街購物的時候順路到處吃喔！

風味樸實又好吃的甜點喔

沖繩紅豆冰
夏季冬季皆宜

「chokki」是石垣方言
點心的意思

五顏六色的
沖繩開口笑
都是天然顏色

照片中的甜點來自這些店家

1 Hau tree gelato
ハウトゥリージェラート
義式冰淇淋店 ☎0980-83-5452 ⌂石垣市大川281 ⌚11:00〜19:00（有季節性變動）㊡不定休、冬季可能停業 Ⓟ無 ‼石垣機場車程35分 ⛛42 B-1

2 石垣島ミルミル本舗
いしがきじまミルミルほんぽ
義式冰淇淋店 ☎0980-87-0885 ⌂石垣市新川1583-74 ⌚10:00〜日落 ㊡無休 Ⓟ有 ‼石垣機場車程45分 ⛛43 A-4

3 七人本舗
ななびとうほんぽ
當地特產店 ☎0980-83-0106 ⌂石垣市美崎町1（離島碼頭內）⌚6:30〜18:00 ㊡無休 Ⓟ離島碼頭停車場 ‼石垣機場車程30分 ⛛42 A-1 ⛝P.83

4 まぁじゅんのチーズ工房
まぁじゅんのチーズこうぼう
起司工房 ☎0980-82-7207 ⌂石垣市新栄町10-3 ⌚11:00〜20:00 ㊡無休 Ⓟ無 ‼石垣機場車程35分 ⛛43 A-1

5 光楽園
ひかりらくえん
水果咖啡廳 ☎0980-88-8731 ⌂石垣市平得1535-16 ⌚9:00〜日落 ㊡不定休 Ⓟ有 ‼石垣機場車程15分 ⛛43 B-3

6 お菓子のマルシェ
おかしのマルシェ
西點店 ☎0980-82-4822 ⌂石垣市美崎町4 ⌚9:30〜20:30 ㊡無休 Ⓟ無 ‼石垣機場車程30分 ⛛42 A-1

7,9 さよこの店
さよこのみせ
糕餅店 ☎0980-83-6088 ⌂石垣市登野城170 ⌚10:00〜19:00（賣完即打烊）㊡週日 Ⓟ有 ‼石垣機場車程30分 ⛛42 C-1

8 ちょっき屋
ちょっきや
糕餅店 ☎0980-88-7608 ⌂石垣市大川208 石垣市公設市場2F ⌚12:00〜19:00 ㊡週日 Ⓟ無 ‼石垣機場車程35分 ⛛42 B-1

1 芒果綜合冰（800日圓）／使用石垣產的澤西牛奶和完熟芒果，只在夏季推出的特別甜點。在零下20度的大理石板上攪拌而成，有著極佳的膨鬆口感

2 島香蕉&火龍果（320日圓）／使用現搾乳濃郁風味的義式冰淇淋有高人氣。除了濃郁的牛奶之外，還有芒果和島香蕉、火龍果等多種口味

3 泡盛奶昔（S205日圓、M310日圓、超大515日圓）／將泡盛加入到島內產的奶昔裡

4 冷凍優格（290日圓〜）／由飼養澤西牛的老闆以每天早上擠的牛奶製成

5 芭樂冰（600日圓）／備有多種主要使用自家農園生產的芭樂，以及使用島產的熱帶水果做的果汁和甜點

6 石垣島の鹽蛋糕捲（864日圓）／屬於冰過吃的蛋糕捲。使用石垣島的天然海鹽與略帶甜味的奶油以比例拿捏得恰到好處堪稱絕配。

7 紅豆冰（300日圓）／花了4天燉煮的大紅豆冰風味濃郁，和刨冰極為對味。只有沖繩紅豆冰才會使用大紅豆。

8 點心（ちょっき，1個155日圓〜）／以鳳梨和百香果果醬作餡的水果點心，以及使用紅番薯和月桃等島上食材的貝點心等種類豐富

9 沖繩開口笑（1個60日圓）／用麵粉、蛋、砂糖製作出樸實的風味，是沖繩版的甜甜圈

喝完泡盛奶昔之後就不能開車囉。

島上的時間緩慢地流動著
在海景咖啡廳裡小憩片刻

若想在環島兜風的途中稍微休息一下，
這種時候不妨前往眺望大海的時髦咖啡廳，
一面欣賞如詩如畫的風景，一面享用美味的食物和咖啡。

1 展望露台座的絕佳視野
2 以島豆腐排為主菜的迷你懷石島豆腐御膳2000日圓

1 海風舒暢的私房景點
2 午餐時段（～15:00）提供的章魚飯等主菜，加上沙拉、飲料、甜點等的半自助餐十分受歡迎

一個人獨占玉取崎的宏偉景觀
レストラン&カフェ Sea Forest
レストランアンドカフェシーフォレスト

位於石垣島北部絕美景點玉取崎附近高地上的咖啡餐廳。可以品嘗著使用石垣島食材調理的迷你懷石式午餐，同時飽覽宏偉的景色。也備有季節甜點和香草茶。

咖啡廳 ☎0980-86-7301
🏠石垣市伊原間2-736
🕐11:30～16:00（午餐～15:00、晚餐需預約）
⊗週三 🅿有
‼石垣機場車程20分
MAP 43 C-2

位於市中心的海景咖啡廳
Natural Garden Cafe PUFF PUFF
ナチュラルガーデンカフェプカプカ

菜色多元，可以享用到冰沙和聖代等甜點，以及披薩、咖啡廳餐點等的咖啡餐廳。任何座位都看得到海，可以悠閒度過。黃昏時尤其浪漫。

咖啡廳 ☎0980-88-7083
🏠石垣市真栄里193-1
🕐11:00～16:30、18:00～22:00 ⊗無休
🅿有 ‼石垣機場車程25分
MAP 43 B-2

來自店家的訊息
展望露台座俯瞰到的珊瑚礁海洋，美到令人不禁讚嘆不已。

也有裝設了展望按摩浴池的客房

推薦menu
午餐菜色
…1500日圓～
甜點天堂
…500日圓～
香草茶
…各400日圓～

來自店家的訊息
寬敞的室內座位也看得到海的開放形態咖啡廳。

甜點的選擇也很多元

推薦menu
熱帶聖代
…900日圓
蛋糕組合
…750日圓～
蜂蜜土司套餐
…950日圓～

石垣島北側的海岸線上有許多海景令人嘆為觀止的咖啡廳，在海風的吹拂下，一面享用午餐也很不錯。

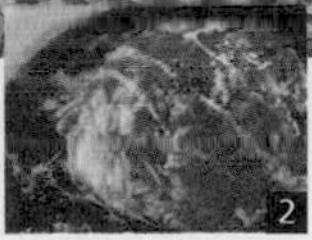

1建築師老闆設計的絕景咖啡廳
2濃黏起司蛋包飯咖哩860日圓

從店內就可以看到水平線的咖啡廳
Café Nu~bõ

カフェヌーボー

一踏進店裡就映入眼簾的水平線令人感動萬分，由於靠海的那一側整面都是玻璃，簡直就像在海邊一樣，可以度過快樂的時光。炎熱的夏天不妨在涼爽的店內享用咖哩飯或手工蛋糕，享受舒適的下午茶時光。

咖啡廳 ☎0980-88-2628
石垣市川平1216-355
11:00～17:30
休週三、四 P有
石垣機場車程25分
MAP 43 B-3

來自店家的訊息

蛋包飯有原味、海鮮、濃黏起司蛋包飯咖哩等3種。

是眺望海景的絕佳據點

推薦menu
石垣牛漢堡排(限定10份)…1250日圓
芒果牛奶冰…600日圓
蛋糕組合…600日圓

1綠意中的露天庭園可以看遍名藏灣 2放滿香草的羅勒丼（前）和滿是島上蔬菜的湯品（右後）各1200日圓

居高臨下看海的露天庭園
GARDEN PANA

ガーデンパナ

由使用石垣島產香草和香辛料生產調味料的工房開設的咖啡廳，可以享用到使用園內栽培的各種香草和島上蔬菜做的午餐和茶品等全是香草的菜色。也販售最適合作為伴手禮的香草商品。

咖啡廳 ☎0980-88-2364
石垣市崎枝239-14
9:00～17:00(午餐為11:30～15:00) 休不定休
P有 石垣機場車程40分
MAP 43 A-3 P.71

來自店家的訊息

可以看著海景，悠閒地在香草的香氣包覆下放鬆身心。

也設有園景的室內座位

推薦menu
招牌涼麵…1600日圓
香草的口袋餅…1000日圓
迷迭香威風蛋糕…500日圓

即使是大熱天，在露天座位區欣賞風景喝著透心涼的果汁也是人生一大樂事喔。

島嶼的Healing & Beauty
陶醉在奢華的護膚療程裡

想在自然豐沛的島嶼讓身體和心靈都充分地得到癒療……
以下為大家介紹最適合這種期待的高檔護膚療程。
不妨沉浸在當貴婦的氣氛裡，找回水噹噹的自己吧！

石垣島

讓身體漂浮在高濃度的礦泉液裡，有助日曬後的排毒

石垣島

在平靜安穩的氣氛下接受使用天然材質的護膚療程

在洋溢著南國風情的小屋裡享受護膚療程

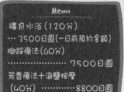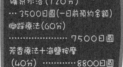

Menu
礦泉水浴（120分）
… 3500日圓（一日前預約全額）
腳踝療法（60分）
…………………… 7500日圓
芳香療法＋海鹽按摩
（40分）………… 8800日圓

讓身心都沉醉在琉球豐饒的大自然中，藉此得到癒療

Menu
芳香療法身體（50分）
………………… 11880日圓
ULU Delights（80分）
………………… 19440日圓
美人魚故事（100分）
………………… 25920日圓

天然礦物質讓身體和心靈都充分地放鬆
ミネラルテラピー ソルトスパ美塩
ミネラルテラピーソルトスパびあん

將富含天然礦物質的石垣島海水濃縮的高濃度礦泉水，讓人有如回到嬰兒般的感覺。可以進入高濃度的溫浴池裡活化身體代謝，或是接受使用特製護膚產品的臉部和身體等的療程，來療癒身心。

☎0980-83-3112（預約優先）
🏠石垣市新川1145-83
🕐10:00～20:00
㊡無休
Ｐ有
🚌石垣機場車程30分
MAP43 A-4

院子裡種植著各式各樣的香草

使用琉球天然材質的頂級護膚療程
Spa ULU
スパウル

共8間施術室中，有1間是備有沐浴設備的大套房。療程用品，是富含礦物質成分的蘆薈和黑糖、鹽、泥巴等琉球天的天然材料混合而成。療程種類也很多元，可以享受到自由自在的放鬆身心時光。

☎0980-84-4600（Club Med石垣島）
🏠石垣市川平灣崎1 Club Med石垣島 ➡P.76 🕐11:00～23:00（最後受理22:30、預約制）
㊡無休 Ｐ有
🚌石垣機場車程40分
MAP43 A-2

Club Med石垣島

姓名：＿＿＿＿＿＿＿＿＿＿＿＿＿＿＿＿＿＿

職業：＿＿＿＿＿＿＿＿　性別：男／女　生日：＿＿＿年＿＿＿月

學歷：□國中　□高中　□大專（大學）　□研究所（含以上）

電話：(宅)＿＿＿＿＿＿＿＿＿＿＿＿＿(手機)＿＿＿＿＿＿＿＿＿＿

地址：□□□＿＿＿＿＿＿＿＿＿＿＿＿＿＿＿＿＿＿＿＿＿＿＿＿＿

e-mail：＿＿＿＿＿＿＿＿＿＿＿＿＿＿＿＿＿＿＿＿＿＿＿＿＿＿

人人出版股份有限公司

23145 新北市新店區寶橋路 235 巷 6 弄 6 號 7 樓　人人出版股份有限公司

郵撥：16402311　人人出版股份有限公司

人人出版
www.jjp.com.tw

人人出版・讀者回函卡

回函可直接投郵寄回或傳真本公司，傳真專線：(02)2914-0000

首先感謝您對人人出版的支持，由於您的回應我們才能更了解您的需求，繼續提供給您更好的出版品。麻煩請您回答下列問卷，謝謝您的支持！

購買書名：＿＿＿＿＿＿＿＿＿＿＿＿＿＿　采列名稱：□ 人人遊日本；□ ○○日本；

□ co-Trip 日本小伴旅；□ 哈日情報誌；□ 人人遊世界；□ ○○世界；其他＿＿＿＿＿＿

購買年月：＿＿＿＿＿　購書自：□ 門市；＿＿＿＿＿　書店；□ 網路書店；□ 親友贈送；□ 其他＿＿＿＿

整體滿意度：□ 非常喜歡；□ 喜歡；□ 普通；□ 不喜歡；□ 非常不喜歡

您為什麼會購買本書？（可複選）　□ 旅遊地點；□ 封面設計；□ 觀光景點；□ 店家內容資訊；

□ 推薦路線；□ 地圖好用；□ 開本好攜帶；□ 書籍價錢；□ 其他＿＿＿＿＿＿

請問您這次旅行的方式？□ 旅行團；□ 自由行；□ 其他＿＿＿＿＿＿

前往本書中介紹的景點後，實際上的感覺如何？

您希望接下來出版的旅遊地點是？＿＿＿＿＿＿＿＿＿＿

您對本書或本公司的建議：

度假村飯店所提供的護膚全都是技術與設備充實的正宗療程，也有些飯店會針對住宿的客人提供優惠價格或特別方案。

石垣島

1一面享受假期，一面修復身體和心靈的正統派水療設施 2自製的面膜使用大量產自石垣島的海藻

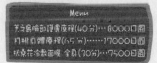

Menu
美ら島喻面護膚療程(40分)…8000日圓
月桃身體療程(45分)…17000日圓
扶桑花冷敷面膜 全身(70分)…7500日圓

利用島上資源來安頓身心的療程

Spa Agarosa 接受外來訪客
スパアガローザ

包括使用石垣島海藻面膜在內，還加入月桃等充滿沖繩風味的材料的療程及思妍麗方案等等，多彩多姿的護膚療程充滿了吸引力。

☎0980-88-7205（預約制）
⛩石垣市真栄里354-1 ANA InterContinental Ishigaki Resort內➡P.34
🕐12:00～21:00 休無休 P有
🍴石垣機場車程20分 MAP43 B-1

ANA InterContinental Ishigaki Resort

小濱島

1備有蒸汽三溫暖和按摩浴區 2在充滿南國風情的spa放鬆身心

Menu
鶏絲冬瓜(80分)…15500日圓
琉球芝潤(60分)…71600日圓
扶桑花的微笑(130分)…36000日圓

喚醒美麗與健康的琉球特有的自然素材

リゾナーレ 琉球スパ 接受外來訪客
リゾナーレりゅうきゅうスパ

運用沖繩的天然黏土及苦瓜、扶桑花、月桃等琉球特有的自然素材，提供各種正統的護膚療程。

☎0980-84-6302（預約制）
⛩竹富町小浜東表2954 星野度假村RISONARE 小濱島➡P.95
🕐15:00～23:00 休無休 P有🍴小濱港車程5分 MAP93 B-1

星野度假村RISONARE 小濱島

小濱島

1利用大自然的療癒專案調整身體和氣血的平衡，讓肌膚充滿活力 2一面聽着海浪聲，一面享受護膚服務

Menu
喻部保養療程(60分)…15700日圓
てぃんがーら身體療程(60分)…13000日圓
てぃんがーら養生護膚療程(90分)…19500日圓

調整身體和氣血平衡的療程

ぬちぐすいスパ 接受外來訪客

使用沖繩特有素材的芳香療程非常受歡迎，也導入義大利的有機護膚產品品牌「Oe有機元素」。

☎0980-85-3111（預約制）
⛩竹富町小浜2930 南十字星度假區HAIMURUBUSHI內➡P.94
🕐13:00～23:00（最晚受理22:00）休無休
P有🍴小濱港車程5分（提供接送）MAP93 B-1

HAIMURUBUSHI

可能因為身體情況而不能接受施術，請先行確認條件。

時尚的商店鱗次櫛比
前往ユーグレナモール商店街一帶

ユーグレナモール商店街是島上唯一的拱廊型商店街，
以深受當地人支持的公設市場為中心，琳瑯滿目的商店皆集中在這裡。
不妨前往ユーグレナモール商店街一帶到處吃喝或採購伴手禮吧。

從這頭到那頭
步行5分鐘

充滿
當地的食物

從南方水果到石垣牛應有盡有
石垣市公設市場
いしがきしこうせついちば

座落在綠蟲藻商店街的中心，充滿當地色彩的拱廊型商店街裡，密密麻麻地陳列著八重山的特產。路邊販賣著水果和蔬菜，建築物裡則販賣著肉及魚貝類、加工品等等。跟賣東西的老婆婆聊天也很開心。

市場 ☎0980-84-3477
（石垣社區管理組織）
⌂石垣市大川208
🕐9:00左右~20:00左右
㊡第2、4週日 Ⓟ無
🍴石垣機場車程35分
MAP 42 B-1

■ユーグレナモール商店街裡有「中央通」和「銀座通」 ■可以在路邊攤購買到鳳梨和火龍果、芒果等季節性的南方水果 ■肉及魚貝類、加工品琳瑯滿目地陳列在建築物裡販賣，光看就令人眼花繚亂 ■是當地人也會頻繁造訪的「石垣島的廚房」

可免費在榻榻米的座位或緣廊上休息的空間

上去公設市場
2樓尋寶

ハウトゥリー
ジェラート C
あむりたの庭、
そして音楽 R
石垣市公設市場
石垣市特產品
販賣中心
ゆんたく家
ひらりよ商店
ユーグレナモール商店街（銀座通）
沖繩の器
つぼや
ユーグレナモール商店街（中央通）
沖繩銀行 🏦
ユーグレナ・ガーデン
JALAN ARTS
やちむん館
メームイ里眞
R ゆうくぬみ
Banana C
Cafe
島料理の店
R 南の島
郷土料理 磯
南西酒販
泡盛屋
ギャラリー&雑貨カフェ
石垣ヘンギン
市中心的
主要幹道
⊗大川交差点
ゆいロード
桟橋通
八重山郵局
沖繩海邦銀行
市役所通り
ココストア
30十字路口
周邊地圖 P.42

島上最受歡迎的伴手禮大集合
石垣市特產品販賣中心
いしがきしとくさんひんはんばいセンター

從食品到民俗藝品及泡盛等等，琳瑯滿目地陳列著八重山最新流行的當地特產。也有可以試吃或試喝的商品，所以如果有想買的商品，不妨好好地試吃試喝一番。別錯過只有在這裡才買得到的限定商品。

販賣特產品
☎0980-88-8633
⌂石垣市大川208
石垣市公設市場2F
🕐10:00~19:00
㊡無休 Ⓟ無
🍴石垣機場車程35分
MAP 42 B-1 P.71
可以有效率地採買伴手禮

伴手禮店和餐飲店都集中在ユーグレナモール商店街一帶，最適合逛街散步。很多店都是週日公休，別忘了要事先確認。

以下是幾家知名的店

模樣可愛的鬼蝠魟
金楚糕最受歡迎
（1包2片108日圓）

店家自豪的人氣マンタちん
メームイ製菓
メームイせいか

石垣島最具有代表性的甜點店，充滿石垣島特色的商品一應俱全，像是做成鬼蝠魟形狀的金楚糕「マンタちん」等，都是很有石垣感覺的獨創商品。

糕餅店 ☎0980-82-7840 ☖石垣市大川206 上原ビルD1-D ⏰10:30～20:00（冬季～19:30）休不定休 ᴾ無 石垣機場車程35分 ᴹᴬᴾ42 B-1

圖樣活潑有著南島風情的
小酒杯（1個1900日圓～）

平常就可以使用的沖縄陶瓷器
沖縄の器 つぼや
おきなわのうつわつぼや

包括沖縄本島的壺屋及積谷在內，還有石垣島及與那國島個性十足的陶瓷。作者從新人到老手都有，多彩多姿。不妨仔細地尋找自己最喜歡，拿起來也最順手的產品。

陶瓷 ☎0980-88-6508 ☖石垣市大川206 ⏰10:00～18:00 休週日 ᴾ無 石垣機場車程35分 ᴹᴬᴾ42 B-1

可以感受八重山傳統之美的
紅型耳環（1對1400日圓～）

只販賣充滿沖縄風格的雜貨
ひらりよ商店
ひらりよしょうてん

販賣著八重山及沖縄本島精挑細選回來的小東西，品項十分齊全，有琉球玻璃及首飾、T恤、手帕等等。還有紅型染的體驗（預約制）。

雜貨 ☎0980-87-0797 ☖石垣市大川203 ⏰10:00～19:00 休不定休 ᴾ無 石垣機場車程35分 ᴹᴬᴾ42 B-1

可以歇歇腳的美食據點

POPO756日圓
（前）和苦瓜冰沙756日圓

讓人放鬆心情的花園空間
ユーグレナ・ガーデン

可以品嘗到加入了含有豐富養份石垣產綠蟲藻的菜色和甜點的咖啡餐廳。餐廳後方還設有花園區。

咖啡廳 ☎0980-87-5711 ☖石垣市大川270-2 ⏰11:00～21:30（午餐～15:00、17:00～晚餐） 休不定休 ᴾ無 石垣機場車程35分 ᴹᴬᴾ42 B-1

入口即化的石垣牛咖哩
（1500日圓）

使用大量島上食材的創意美食
あむりたの庭、そして音楽
あむりたのにわそしておんがく

從熱賣的咖哩到八重山麵及義大利麵等等，可以品嘗到多種美食菜色的咖啡廳&餐廳。還可以閱讀世界各國的書籍及享受音樂。

咖啡廳 ☎0980-87-7867 ☖石垣市大川282 1F南側 ⏰11:30～15:30、18:30～23:30 休不定休 ᴾ有 石垣機場車程35分 ᴹᴬᴾ42 B-1

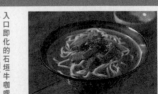

八重山沖縄麵（550日圓）味道非常溫和

島上的老婆婆們也會來乘涼
ゆうくぬみ

除了傳統的八重山麵以外，夏天有咖啡善哉、冬天有白玉等甜點可以大快朵頤。是個只有10個座位的小小綠洲（店內禁煙）。

食堂 ☎0980-82-4397 ☖石垣市大川10-2 ⏰11:30～16:30 休週日 ᴾ無 石垣機場車程35分 ᴹᴬᴾ42 B-1

由於很多店都沒有停車場，請利用附近的停車場。

即使回家也可以繼續沉浸在島嶼的氣氛裡
外帶島上的美食回家

在旅途中吃到的東西，會一直留在記憶裡。
石垣島上有很多傳統的風味和時下流行的滋味，
不妨把覺得「就是這味」的食物飲料、水果帶回家吧。

A 百香果果汁和
果醬具有
全國性的知名度

B 帶有微微苦味的
金楚糕

C

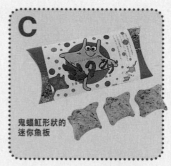

鬼蝠魟形狀的
迷你魚板

D

輕鬆好用的沖繩式香料

E 島上的自然海鹽風味十分細緻，
用來處理任何菜餚都很搭

F 以泡盛製造的
梅酒也很受
女性的歡迎

G 加入6種石垣島上
知名品牌泡盛的果凍

H 浸泡香草
而成的
香味油

I 稍微降低辣度，跟
各式餐點都很對味
的辣油

位於綠蟲藻商店街的石垣市公設市場2樓的「石垣市特產品販賣中心」裡，集結了島上當地特產的廠商，販賣著最有代表性的商品。

J

鳳梨

最佳時期

4～9月
島上的鳳梨
非常多汁又甜

火龍果

最佳時期

6～10月
最近人氣扶搖直上，
味道清爽，富含
維生素及礦物質

K

芒果

最佳時期

6～8月
芬芳甘醇的香味和
在口中散開的甜美是
南方水果中最好吃的

L

百香果

最佳時期

5～8月
顏色宛如紅寶石一般的果肉
嬌艷欲滴，甜中帶酸，恰到好處

島香蕉

最佳時期

通年
濃郁的甘甜風味中
具有檸檬般的酸味

M

加了百香果汁的
熱帶感汽水

N

以島上天然素材
製成的香腸

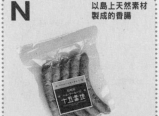

這裡可以買到

🄐🄜 川平ファーム
かびらファーム

百香果專賣店 ☎0980-88-2475
🏠石垣市川平1291-63 🕙10:00～18:00
休不定休 P有 🚗石垣機場車程40分
MAP43 A-3

🄑🄒🄔🄕🄖 石垣市特產品販賣中心
いしがきしとくさんひんはんばいセンター
🗺P.68

🄓🄗 GARDEN PANA
🗺P.65

🄘 ギャラリー＆雑貨カフェ 石垣ペンギン
ギャラリーアンドざっかカフェいしがきペンギン

雑貨 ☎0980-82-8777 🏠石垣市大川241
🕙11:00～19:00 休週日、不定休 P無
🚗石垣機場車程35分 MAP42 B-1

🄙🄚🄛 在水果店、伴手禮店等販售

🄝 石垣島ハム・ソーセージ十五番地
いしがきじまハムソーセージじゅうごばんち

火腿工房 ☎0980-87-8686 🏠石垣市新栄
町15-6 🕙10:00～19:00 休週日 P無
🚗石垣機場車程35分 MAP43 A-1

A. 帶有酸味的甘甜為特徵的完熟百香果飲料（加糖）（500㎖ 1620日圓）和果醬（140g756日圓）
B. 加了清脆口感烤巧克力脆片的焼きショコラ石垣の塩ちんすこう626日圓（2個×12包入）
C. 使用新鮮的近海魚，有著獨特口感的マンタあげ648日圓（6個裝）
D. 將石垣島產海鹽和香草混合而成的風味豐郁獨創調味料（各540日圓）
E. 將石垣島的海水以低溫乾燥的獨特製鹽法做的石垣の塩（70g）680日圓
F. 以島盛醃漬南高梅做的讃福梅酒（720㎖ 1425日圓），黑糖調味清爽甘甜易於飲用
G. 泡盛果凍303日圓。可以吃到不同口味的石垣島6品牌入為1944日圓
H. 將早上摘的香草浸泡的西式油品適合沙拉和生食。香味油（120㎖）各1296日圓。辣油用來添加辣味。
I. 以島辣椒和薑黃等島上食材調和的辺銀食堂的石垣島辣油（100g）846日圓。預約為宜
M. 加入一整顆百香果汁的清爽風味的碳酸飲料，百香汽水（200㎖ 324日圓）
N. 使用石垣島培育的酒糟豬，加入辣椒和假華拔、長命草等島上香辛料的石垣島香腸（150g各567日圓）

收集充滿島嶼風味的周邊商品
石垣島伴手禮大集合

石垣島街頭充滿令人愛不釋手的商品，
不知道該買哪個好也是旅行的好滋味。
那就先買自己用的紀念品也是不錯的選擇。

1 充滿
自然之美的首飾

小巧的漂流木耳環
2800日圓

成分天然的
芳香精油唇膏864日圓～

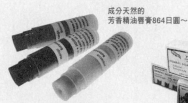

3 女生會喜歡的
精選商品

用檸檬草及月桃、紫米等島上的
材料製成的草本香皂540日圓～

---

1 琉木民
りゅうぼくみん

利用漂流木美麗的形狀來製作首飾。耗費時間製作的項鍊和手鐲充滿自然之美，而且都只有一件。

飾品店 ☎0980-87-5783
⌂石垣市大川201 ユーグレナモール ⏰10:30～19：30
㊡不定休 Ｐ無
‼石垣機場車程35分 MAP 42 B-1

2 さんぴん工房
さんぴんこうぼう

包括平常使用的日常用品在內，陳列著作風非常粗獷的陶瓷器。設計得非常可愛的布製品或信箋之類的也都很受歡迎。

陶瓷、雜貨 ☎0980-83-1699
⌂石垣市大川203-1 ⏰中午～18:00 ㊡週日 Ｐ無
‼石垣機場車程35分
MAP 42 B-1 ☉P.26

3 Avancé −soap and leaf tea−
アヴァンセソープアンドリーフティー

加入石垣島鳳梨汁的肥皂、散發著月桃及芒果的淡淡香氣，不含任何添加物的多效合一凝膠等，以天然的化妝品聞名。

雜貨 ☎0980-82-1003
⌂石垣市大川198-8 ⏰10:00～不定（有季節性變動）
㊡不定休 Ｐ無 ‼石垣機場車程35分 MAP 42 B-1 ☉P.26

4 てしごとや

店內都是石垣島內作家們富有個性的作品。小包包和大包包等的布製品、飾品等種類多元。

雜貨 ☎080-5214-4200
⌂石垣市大川210-2 1F
⏰10:00～19:00(有季節性變動)
㊡不定休 Ｐ無
‼石垣機場車程35分 MAP 42 B-1

---

2 充滿各種可愛
又樸素的小東西

←白腹秧雞的
杯子1650日圓

→獨創托特包
2950日圓～

4 用神祇做設計的
種種快樂商品

彌勒口金包（左）和
Ohoho口金包
各3200日圓

如果想要享受購物的樂趣，建議前往各種商店林立的730十字路口附近。請不要把租來的車停在路中，一定要停到停車場裡。

5

南國的陶瓷器用色十分大膽

熱帶魚的彩繪盤子5000日圓～

7

藝術的木頭&飾品的店

大白斑蝶耳環
12000日圓（L）、8500日圓（S）

店內還擺放了巨大的梭子蟹藝術作品

5
石垣島 南島燒
いしがきじまなんとうやき

以島上的自然為主題，燒製成五顏六色的器皿。工房設置在靠近川平灣的山中，不過在市區的伴手禮店也有販賣。

陶瓷　☎0980-88-2428
🏠石垣市川平1218-263
🕘9:00～19:00 休不定休
Ｐ有 ‼石垣機場車程30分
MAP43 A-3

6
OKINAWA CRAFT STORE 大田民芸
オキナワクラフトストアおおたみんげい

以石垣島為主題，專門製作具有訊息性，設計風格又很流行時尚的T恤專賣店。顏色及尺寸皆多彩多姿，一應俱全。

Ｔ恤　☎0980-82-3635
🏠石垣市美崎町8-4
🕘10:00～20:00 休週日
Ｐ無 ‼石垣機場車程35分
MAP42 B-1

7
T&A ISHIGAKI
ティーアンダイシガキ

飾品和T恤、室內擺飾等多元的商品構成極富吸引力。巨大的梭子蟹鏈鋸作品更是不容錯過。

雜貨　☎0980-87-0498
🏠石垣市大川205-5 桜川店舗
1F西 🕘11:00～19:00 休無休
Ｐ無 ‼石垣機場車程35分
MAP42 B-1

8
CUERO
クエロ

利用八重山的傳統織錦製作而成的錢包及小東西全都非常可愛，還有手工藝師傅細心地一針一線完成的皮製品，每件都只有一件。

工房、雜貨　☎090-5744-1297
🏠石垣市美崎町16-3
🕘11:00～20:00 休不定休
Ｐ無 ‼石垣機場車程35分
MAP43 A-1 P.26

6

具有訊息性，獨一無二的T恤

人氣的風獅爺圖案
3024日圓（童裝2700日圓）

8

皮革×傳統織錦的手工藝品

傳統織錦花紋的皮夾
19000日圓～

石垣市公設市場 P.68的所在地「ユーグレナモール商店街」裡也有很多伴手禮店。

找到讓人感到安心的地方
小型度假村、漂亮的民宿

麻雀雖小五臟俱全的度假村裡，發自內心的服務真令人開心。
瀰漫著島嶼風情的民宿住起來非常舒適，令人留連忘返。
想不想來尋找會讓人不想回家的美好住宿地點呢？

❶紅瓦屋頂的別墅融入了島上的大自然　❷亞洲風味的室內瀰漫著令人感到安心的氣氛　❸早餐有烏骨雞的太陽蛋和熱賣的麵包
❹可以在「ハワイアンロミロミLEHUA」享受舒服的按摩服務

在附有游泳池的別墅裡緩慢又優雅地度過島上的時間
Yugafu-yamabare

ユガフヤマバレ

只有3棟別墅式的度假村蓋在可以看
到大海的高台上。分別以「月桃」、
「阿檀」、「芭蕉」命名的每棟別墅
裡都有游泳池，充滿了度假的氣氛。
陽光灑落在臥房裡，只要打開窗戶，
心曠神怡的海風就會吹進來。住在這
裡可以親身感受到島上緩慢悠閒的時
間。工作人員充滿溫情的服務也很貼
心。

🎵♪ 這裡最迷人！💜

在自己專屬的游泳池裡游泳

別墅院子裡的泳池。可以
在保有隱私、不必在意他
人的情況下自由使用。既
可以白天時游個小泳，晚
上將腳泡在水裡仰望滿天
星光也很浪漫。

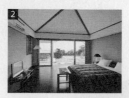

小型度假村　☎0980-84-4511
🏠石垣市川平1216-621
💴附早餐19500日圓～　🕐IN 15:00 OUT
11:00　客室洋室3棟　P有
🚗石垣機場車程25分　MAP 43 B-3

規模比較小的飯店，特徵在於可以無微不至地照顧每位住宿的客人。可以把不敢吃的食物從餐點中拿掉，或者是介紹只有當地人才會知道的觀光景點。

①舒服地泡在有開放感的浴室按摩浴池裡享受　**②**Queen尺寸的床上看著海小睡片刻也很棒

①離ユーグレナモール商店街和離島碼頭近，方便島上旅遊　**②**質樸的早餐以田裡採摘的蔬菜和水果為主

①蓋在可以看到川平灣的高台上，內行人才知道的民宿　**②**享受過海水浴以後，可以在陽光十分充沛的客房裡休息

海風吹拂下的美好奢華空間
Windy Earth SILENT CLUB
ウィンディアース サイレントクラブ

位於平緩山丘上，由客房的浴室裡可以一覽海景。聽著風和波浪的聲音，二個人靜靜地看著海的這種浪漫假期的最佳選擇。住宿需滿20歲。

小度假村 ☎0980-84-5029 ⌂石垣市桃里165-381 ¥附早餐19000日圓～ ⏰IN15:00 OUT11:00 客室洋室3間 P有 ‼石垣機場車程20分 MAP43 C-3

非常溫暖的島上旅館
音楽と農家の宿 ティダヌファ
おんがくとのうかのやどティダヌファ

靠近730十字路口，交通非常方便的民宿。由島上的農家經營，館內空間有著復古的療癒感。提供免費的三線體驗；入浴時間可以聽著音樂悠閒放鬆身心。

民宿 ☎0980-82-0369 ⌂石垣市大川238-2 ¥附早餐4800日圓～ ⏰IN 15:00 OUT10:00 客室和室3間、洋室1間 P有（1晚500日圓，需預約）‼石垣機場車程35分 MAP42 B-1

在漂亮的房間裡好好休息，美味可口的餐點也令人大呼過癮
上や(JO-YA)
じょうや

靠近川平灣的民宿。以八重山各島名稱命名的客房，都是重視隱私的獨立房型，設有全套衛浴設備。屋頂上可以一覽川平灣風光，晚上可以觀賞滿天星斗。

民宿 ☎0980-88-2717 ⌂石垣市川平920-1 ¥附2餐10000日圓～ ⏰IN15:00 OUT10:00 客室和室11間 P有 ‼石垣機場車程50分 MAP43 A-2

 這裡最迷人！

豪華別墅感覺的住宿

2500坪大的土地上只有3間客房。十分具有隱私感，像住在別墅一樣。

 這裡最迷人！

時機對了或許還可以去田裡

在甘蔗田的綠意下度過的島上時間令人感動，有時還能夠體驗蔬菜的收成。

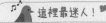 這裡最迷人！

餐點的味道非常精緻

以島上食材入菜的餐點，美味程度令人吮指回味無窮。

悠閒自在，隨心所欲…
在石垣島享受度假村的生活

既然都來到嚮往已久的石垣島旅行，
是不是乾脆就盡情地享受高格調的度假村生活呢？
優雅度過短暫時光是送給自己稍微奢侈一點的禮物。

1 穿過迎客大廳，眼前就是游泳池和大海　2 自助式的餐點菜色非常豐富，令人眼花繚亂
3 可以觀賞海中珊瑚和熱帶魚的浮潛　4 2014年起加入選項的立式單槳衝浪

四周都是絕美景色的度假空間
Club Med石垣島
クラブメッドいしがきじま

餐飲費和戶外活動費等都包含在旅行
費用的「Premium All Inclusive」專
案，可以輕鬆地享受假期的度假村。
來自世界各國的開朗G.O（工作人
員）會帶領您進行各式各樣的活動，
也會把小孩照顧好。

度假村飯店 ☎0088-21-7005（Club Med客
服專線）
⬆石垣市川平石崎1　¥東京出發的3天行程
95000日圓～（高級房型2人以上使用1間時的
1人價，包含機票、食宿、各種遊樂參加費）
🕐IN 14:00 OUT 10:00
🛏181間 🅿有 🚌石垣機場車程40分
MAP 43 A-2

Guest Room

開放感出色的
豪華客房

客房有4種房型，照片裡
的豪華園景房，設有觀賞
綠意的陽台和躺椅，可以
悠閒地放鬆休憩。

在南方島嶼，雖說是高級度假村飯店，但是氣氛十分開闊，可以在無拘無束的感覺下，享受著侈的假期。

1 可以在眼前就是大海的游泳池裡，一面遠眺竹富島，一面悠閒自在地游泳　**2** 也會舉辦介紹八重山文化的活動　**3** トゥモール棟的海景雙床房。客房2015年4月起全面禁煙　**4** 餐廳「琉華」裡，可以吃到石垣牛和阿古豬的燒肉

將八重山群島一覽無遺的海景度假村
GRAND VRIO HOTEL ISHIGAKI RESORT
いしがきリゾートグランヴィリオホテル

立地絕佳，分成ティンガーラ（天之川）棟和トゥモール（海）棟，從客房裡全都可以將竹富島和小濱島、西表島盡收於眼底。可以聽見海浪聲的室外游泳池和露天浴池、琉球度假村SPA「パナ・ン」等讓人悠閒放鬆的設施也很齊全，可以徹底地全心享受島上的時光。

🏨度假村飯店　☎0980-88-0030
🏠石垣市新川舟蔵2481-1　💴附早餐10800日圓～　🕐IN 14:00 OUT 11:00
🛏200間　🅿有
🍴石垣機場車程40分
MAP 43 A-4

Esthetic
有各種讓身心放鬆的護膚按摩設施

不妨在「華のゆ」裡怡然自得地享受露天浴池及岩盤浴，在「パナ・ン」裡享受使用珊瑚及苦瓜等沖繩的素材所進行的撫膚療程，讓身心得到撫慰吧。

飯店的工作人員都很親切，對於玩樂及用餐的諮詢都會細心地回答。

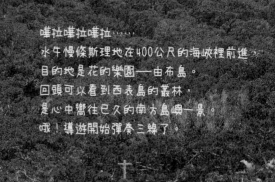

嘩拉嘩拉嘩拉……
水牛慢條斯理地在400公尺的海峽裡前進，
目的地是花的樂園──由布島。
回頭可以看到西表島的叢林，
是心中響往已久的南方島嶼一景。
哦！導遊開始彈奏三線了。

拍攝場所：西表島

從石垣島前往離島

石垣島周圍的離島都很有個性，
像是十分美麗的竹富島有傳統紅瓦屋頂的城鎮，
狂野西表島上生長著茂密的亞熱帶叢林，
日本最南端的有人島波照間島可以看到許多星座，
日本最西端的與那國島則充滿神祕的海底遺跡等等，
而氣氛樸實的小濱島和黑島也都很漂亮。
不妨以「石垣港離島碼頭」為據點，
前往自己喜歡的島嶼樂園吧！

從石垣島可以前往的
離島多如繁星

叢林密布的島、星星很漂亮的島、神祕的島……
石垣島的周邊漂浮著很多個性十足的離島。
不妨來一趟離島巡禮，找出自己最喜歡的島嶼吧！

有用的電話簿

●飛機
JTA（日本越洋航空）・RAC（琉球空中通勤）
☎0570-025-071
●船 ☞P.82

在西崎可以看到日本最晚沉沒的夕陽

何謂八重山群島？

包括石垣島在內
主要有7座島嶼

石垣島及其周邊的離島稱之為八重山群島，是座距離台灣比沖繩本島還近的南方樂園。以石垣島為起點，從石垣港可以前往竹富島、小濱島、黑島、西表島、波照間島、與那國島等個性十足的各個島嶼。如果要去距離比較遠的與那國島，從石垣機場搭飛機比較方便。

建議搭乘高速船進行離島巡禮

離島巡禮小建議
由石垣島以
住一晚的
計劃出發。
（石垣港渡輪4小時／
石垣機場飛機35分）

孤零零地漂浮在大海上，可以說是遠海中的孤島。為日本的最西端，距離台灣只有短短的111公里。以謎樣的海底遺跡馳名。

與那國島
よなぐにじま
☞P.108

大門口是石垣機場和石垣港離島碼頭

也有可以當天來回的島嶼

八重山群島的門戶，是機場和石垣港離島碼頭。先由日本本土飛到石垣機場，前往島的中心區後，再由石垣港離島碼頭（☞P.82）乘船到各島的方式較為一般。短時間就可以到達，可以當天往返的有竹富島、小濱島、黑島、西表島，要前往波照間島或與那國島，則以過夜的方式來安排行程。當然，如果可以在各島上過夜，那樂趣又更上一層樓了。

高速船都在離島碼頭出發、抵達

離島巡禮小建議
由石垣島以
住一晚的
計劃出發。
（石垣港離島碼頭高速船1小時～1小時10分）

日本最南端的有人島，可以享受閃閃發光的大海和一望無際的甘蔗田交織而成的美麗風景。晚上可以欣賞到日本最多的星座。

波照間島
はてるまじま
☞P.110

港口西側的西濱海灘擁有八重山首屈一指的美景

 co-Trip提醒您

每家航空公司在石垣機場的報到櫃台都不一樣，最好先確認好位置，以免回程搭機時慌亂。

離島巡禮小建議
可以從石垣島
當天來回。
（石垣港離島碼頭高速船25～30分）

被稱為「八重山肚臍」的島嶼。大型度假村飯店和自古以來的風景相互共存。

小濱島
こはまじま
☞P.92

迎風招展的甘蔗田無邊無際地延伸

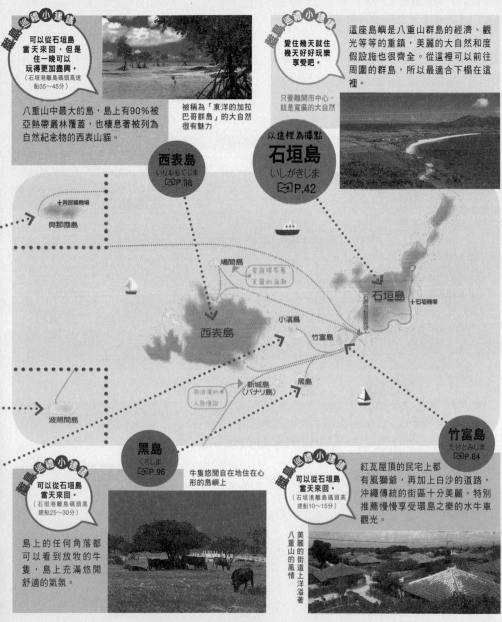

離島巡禮小建議

可以從石垣島當天來回，但是住一晚可以玩得更加盡興。
（石垣港離島碼頭高速船35～45分）

八重山中最大的島，島上有90%被亞熱帶叢林覆蓋，也棲息著被列為自然紀念物的西表山貓。

被稱為「東洋的加拉巴哥群島」的大自然很有魅力

離島巡禮小建議

愛住幾天就住幾天好好玩樂享受吧。

這座島嶼是八重山群島的經濟、觀光等等的重鎮，美麗的大自然和度假設施也很齊全。從這裡可以前往周圍的群島，所以最適合下榻在這裡。

只要離開市中心，就是寬廣的大自然

西表島
いりおもてじま
P.98

以這裡為據點
石垣島
いしがきじま
P.42

從石垣島前往離島

與那國機場
與那國島

鳩間島
星砂蜿蜒著美麗的海潮

石垣島
石垣機場

小濱島

西表島

竹富島

波照間島

新城島
（パナリ島）
有浪漫的人魚傳說

黑島

黑島
くろしま
P.96

牛隻悠閒自在地住在心形的島嶼上

離島巡禮小建議

可以從石垣島當天來回。
（石垣港離島碼頭高速船25～30分）

島上的任何角落都可以看到放牧的牛隻，島上充滿悠閒舒適的氣氛。

竹富島
たけとみじま
P.84

紅瓦屋頂的民宅上都有風獅爺，再加上白沙的道路，沖繩傳統的街區十分美麗。特別推薦慢慢享受環島之樂的水牛車觀光。

離島巡禮小建議

可以從石垣島當天來回。
（石垣港離島碼頭高速船10～15分）

美麗的街道上洋溢著八重山的風情

高效率參訪各島觀光景點的當地旅行團，可以在石垣港離島碼頭 P.82 報名。

離島巡禮的起點
石垣島的離島碼頭長這樣

石垣港離島碼頭是連結石垣島與離島的交通據點。
以候船大廳為中心，船公司及旅行社、商店等一應俱全。
就連等船的時間也可以舒適地度過，享受歡樂的離島巡禮喔。

如何前往

石垣機場到 石垣港離島 碼頭	交通工具	需時	價格
	🚌巴士	約45分	540日圓
	🚕計程車	約30分	約3000日圓
	🚗出租汽車	約30分	停車場1小時100日圓

石垣港離島碼頭
⌂石垣市美崎町1 MAP 42 A-1

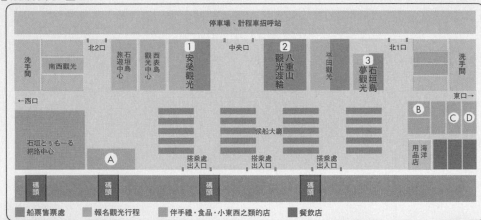

停車場、計程車招呼站

北2口　　中央口　　　北1口

洗手間　南西觀光　　旅遊中心　石垣觀光中心　西表觀光中心　① 安榮觀光　　② 八重山觀光渡輪　平田觀光　③ 夢觀光　石垣島　　洗手間

←西口　　　　　　　　　　　　　　　　　　　　　　　　東口→

B

石垣とぅもーる網路中心　　　A　　候船大廳　　　C　D

用品店　海洋

搭乘處出入口　　搭乘處出入口　　搭乘處出入口

碼頭　　碼頭　　碼頭　　碼頭

■ 船票售票處　■ 報名觀光行程　■ 伴手禮·食品·小東西之類的店　■ 餐飲店

共有3家船公司

1 安榮觀光
あんえいかんこう

旗下的定期船開往八重山絕大部分的離島，也提供前往各島的當天來回行程。
☎0980-83-0055

2 八重山觀光渡輪
やえやまかんこうフェリー

除了開行往返離島的定期航班（高速船）之外，也辦理到各離島的當天往返旅遊行程。
☎0980-82-5010

3 石垣島夢觀光
いしがきじまドリームかんこう

特色是橙色的船身，開行往各島的定期航班。吉祥物Dorikan-kun擁有高人氣。
☎0980-84-3178

熱門的當天來回套裝行程

●賽格威之旅In石垣島
第一次玩都放心！島上唯一的賽格威之旅。
需時:2小時／價格:8200日圓／洽詢:平田觀光
☎0980-82-6711 ⏰7:30～18:30 休無休

●西表島、由布島和竹富島3島巡禮
1天內遊遍西表島、由布島和竹富島等熱門島嶼。
需時:8小時／價格:14700日圓／洽詢:石垣島旅遊中心
☎0980-83-8881 ⏰7:30～18:00 休無休

●由布島及マリユドゥ瀑布、カンピレー瀑布
以健行的方式前往2座知名瀑布後，再前往由布島。
需時:9小時30分／價格:13700日圓／洽詢:西表島觀光中心☎0980-82-9836 ⏰8:00～18:00 休無休

直接連結於離島之間的定期船航線很少，所以要從離島去離島的時候，都必須經過石垣島。

🛳 搭船的方式如下！

在船公司的櫃台購買船票

向各船公司的櫃台索取時刻表（免費），在開船前20分鐘把船票買好。

在購買的時候要確認搭船的碼頭位置

在候船大廳悠閒地打發開船前的時間

在冷氣很強的候船大廳等待開船的時間，可以透過電子布告欄確認船的行駛狀態。

有多達200個座位的候船大廳很舒適

走到碼頭上搭乘高速船

大約在開船前10分鐘就要前往船停靠的碼頭。船上全都是自由座，所以不妨坐在自己喜歡的地方。

從紅瓦屋頂的碼頭出發

石垣島的離島碼頭

從離島碼頭前往各島的交通方式（高速船）

目的地	需時	單程價格	班次（一天）	船公司
竹富島	10～15分	600日圓	18～27班	安·八·夢
小濱島	25～30分	1060日圓	11～18班	安·八·夢
黑島	25～30分	1150日圓	5～8班	安·八·夢
西表島（大原）	35～40分	1570日圓	11～16班	安·八·夢
西表島（上原）	40～45分	2060日圓	7班	安·八
波照間島	1小時～1小時10分	3090日圓	3班	安

※安：安榮觀光、八：八重山觀光渡輪、夢：石垣島夢觀光（2015年1月資料）

co-Trip Q&A

Q.有比較便宜的船票嗎？
A.只要購買去回船票，回程的費用就可以打9折。安榮觀光和八重山觀光渡輪的去回船票都可以搭乘這二家公司的船隻。各家船公司都有販售無限次數搭乘的票種。
Q.需要預約嗎？
A.原則上不用預約。

【有這樣的商店】

Ⓐ とぅもーるショップ

從便當和茶到三線，販賣八重山的特產。也有刨冰（200日圓～）及八重山麵。

地位宛如離島碼頭的便利商店

Ⓒ 七人本舖 ☞P.63
ななびとうほんぽ

泡盛奶昔（S205日圓）是大人的口味。加入許多牛奶的瑪麗亞奶昔（マリヤシェイク）人氣也高。

喝杯冰涼的奶昔為元氣充電

Ⓑ ポートショップK&K
ポートショップケイアンドケイ

可以品嘗到BLUE SEAL的冰淇淋（單球310日圓、雙球520日圓）。

也有甘蔗及酸桔仔口味等等

Ⓓ REKIO GORES港店
レキオゴーレスみなとてん

石垣市內的人氣獨創T恤商店。T恤之外，還有沖繩海灘拖鞋和各種海灘商品。

店內擺滿南國風情的T恤

【附近的用餐地點】

マルハ鮮魚
マルハせんぎょ

可以在店頭的桌子上享用新鮮的生魚片或剛炸好的鮮魚天麩羅、透心涼的生啤酒（各500日圓）。

🐟鮮魚店
☎0980-82-0557
🕘9:00～19:00左右
🈔颱風天 🅿有
🍴石垣機場車程30分
🅼42 B-1

在離島巡禮的空檔休息一下

不光是離島巡禮，下雨天不知道要去哪裡的時候也可以前來離島碼頭逛逛喔。

石垣島搭乘高速船只要10分鐘就可以抵達竹富島

紅瓦屋頂民宅、白沙小徑、四季盛開的南國花卉，
竹富島上還保留著八重山美麗的原生風景，
最適合想要沉浸在島上的風情，悠閒度假的人。

預約好住宿的人…

前往島上前，請先把搭乘船班的出發時間告訴旅館，旅館的工作人員會配合抵達時間，到竹富島迎接。

搭乘接送專車5分鐘左右就到飯店

要租借自行車或搭乘水牛車的人…

租借自行車和水牛車觀光的接送車輛會在港口待命，只要當場租好自行車或報名水牛車觀光，就可以被送到聚落。

就在港口旁邊待命的接送車輛

要搭乘巴士的人…

配合船抵達的時間行駛著共乘制的迷你小巴士。前往聚落和Kondoi海灘的來回交通非常方便。

到聚落的車資為200日圓，到Kondoi海灘310日圓

石垣島的離島碼頭出發，10~15分就能抵達竹富港

要步行前往聚落的人…

從港口走到聚落中心的路程為20分鐘左右。途中會經過還算平緩的上坡路段，所以在夏季的大熱天或許會有點吃力……

在港口附近認識一下島上的歷史與文化吧。

竹富島世果報館
たけとみじまゆがふかん

每個鐘點的20分和50分都會放映竹富島自然與文化、島上散步重點等影片的資料館。與歷史及藝術有關的照片及資料也琳瑯滿目、一應俱全。

[資料館] ☎0980-85-2488 △竹富町竹富
④8:00~17:00 困無休 ¥入館免費 P無
‼竹富港即到 MAP85 B-2

以聲音及影像介紹島上的歷史與文化、藝術

前往離島的交通
石垣島↔竹富島

●高速船

需時	價格	班次
10~15分	單程600日圓	1天18~27班

⤴P.82

島上的交通工具
（價格僅供參考）

●巴士
竹富港←→聚落200日圓
竹富港←→Kondoi海灘310日圓
●出租自行車
1小時300日圓、5小時以上1天1500日圓

有用的電話簿

●觀光綜合服務
竹富町商工觀光課…☎0980-82-6191
竹富町觀光協會…☎0980-82-5445
●巴士
竹富島交通………☎0980-85-2154

※以上詢問處基本上使用的語言是日文，請注意。

可以看到紅瓦屋頂民宅和白沙小徑

竹富島 整個繞上一圈

約1小時
（周圍9.2km）

竹富島以保護傳統風俗習慣而聞名，整座島上的居民都會全心投入「種子取祭（タナドゥイ）」之類的祭祀活動。絕對不要進入島民度誠信仰的御嶽。

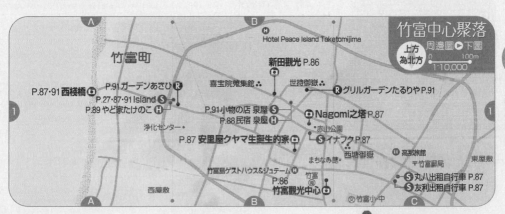

竹富中心聚落

上方為北方　周邊圖▶下圖　1:10,000

竹富町

Hotel Peace Island Taketomijima

新田觀光 P.86

喜宝院蒐集館

世持御嶽

P.87・91 西桟橋　P.91 ガーデンあさひ R グリルガーデンたるりや P.91

P.27・87・91 Island S

P.89 やど家たけのこ H　P.91 小物の店 泉屋 Nagomi之塔 P.87

P.88 民宿 泉屋 H

淨化センター　赤山公園

P.87 安里屋クヤマ生誕生的家 S イナフク P.87

西塘御嶽

竹富島ゲストハウス＆ジュテーム　まちなみ館　高那旅館

P.86　〒竹富郵局　東屋敷

西屋敷　竹富　竹富觀光中心 S 丸八租自行車 P.87

S 友利出租自行車 P.87

竹富小中

竹富島

上方為北方　周邊圖▶P.43　1:50,000

タキドングチ海中公園

ミサシ御嶽

シュムザーン御嶽

S てぇどぅん かりゆし館 P.91

D 竹富島世界報館 P.84

上圖

世持御嶽　赤山公園

東屋敷　竹富島

竹富港

體育館　竹富

P.87・91 Kondoi海灘 D

コンドイ岬　南潮庵 P.87

P.91 ちろりん村 C

此處以南禁止進入

P.87　仲筋

皆治海灘（星砂海灘）H ヴィラ たけとみ P.89

H 虹夕諾雅 沖繩 P.89

蔵元跡

竹富町

竹富組合牧場

竹富島是風獅爺的天堂

鎮坐竹富島傳統居民宅屋頂上的風獅爺最有沖繩風，可以充分感受到島上居民的赤子之心，所以一定要仔細看喔。

「大吃一驚」的感覺　不用這麼生氣吧…　看起來嘿氣很好的樣子

這麼一來變成野貓了　真材實真火辣啊　喜歡惡作劇的樣子

沉醉在八重山傳統的美麗街區
竹富島的暢遊方式

從石垣島過來竹富島的交通非常方便，
只要輕鬆地橫渡海洋，就能接觸到八重山的傳統文化。
因為沒有計程車，也不能租車，最適合騎自行車了。

水牛車觀光 ······· 🐂 沉浸在滿溢的島嶼風情

在三線的音色中，搭乘水牛車悠遊在充滿八重山傳統街區上是竹富島的觀光特色。沿著閃閃發光的白沙小徑前進，水牛的步伐十分緩慢又平穩。可以悠閒自在地經過紅瓦屋房和鮮艷的花草。

搭水牛車巡迴
島上名勝

竹富觀光中心
たけとみかんこうセンター

水牛車觀光 ☎0980-85-2998
🏠竹富町竹富441
🕐8:30～17:30（水牛車9:00左右～16:00左右隨時出發）
🈹種子取祭的2天 💴乘車費1200日圓 Ⓟ無 🚏竹富港免費接送巴士5分 MAP 85 B-1

新田觀光
にったかんこう

水牛車觀光 ☎0980-85-2103
🏠竹富町竹富97
🕐8:30～17:00（水牛車9:00～16:00隨時出發）
🈹種子取祭的2天 💴乘車費1200日圓 Ⓟ無 🚏竹富港免費接送巴士5分 MAP 85 B-1

水牛車路線

新田觀光 和 竹富觀光中心 都有提供水牛車觀光行程

周邊地圖 P.85
── 新田觀光水牛車路線
── 竹富觀光中心水牛車路線

喜宝院蒐集館
世持御嶽
民宿 泉屋
新田觀光
竹富郵便局
民宿 松竹莊
民宿 新田莊
民宿 マキ莊
Nagomi之塔
安里屋クヤマ誕生的家
西塘御嶽
民宿 內盛莊
まちなみ館
高那旅館　民宿 大浜莊
民宿 小浜莊
竹富's Bar Take-To-Me
竹富觀光中心
竹富小中學
丸八出租自行車
友利出租自行車

🐂 水牛車的乘車方法

迷你小巴士會在竹富港待命，只要報名參加行程，就可以搭巴士到店裡（也可以事先申請）

在櫃台付錢，等候唱名，就可以前往水牛車的乘車處

聚落巡禮結束後，再搭乘迷你小巴士回到港口

島上的聚落是重要的傳統建築物群保留地區。島上居民每天早上都會熱心地打掃，以維持街區美觀。不知道為什麼，有很多貓悠然自得地睡午覺的樣子也很可愛！

騎自行車兜風

🚲 騎自行車悠遊島上名勝

首先前往可以俯瞰整座島的Nagomi之塔。

Nagomi之塔

クヤマ出現在民謠安里屋ユンタ裡

なごみのとう

同時也是環島地標的高塔。

[展望台] ☎0980-82-5445
（竹富町觀光協會）
🏠竹富町竹富 Ｐ無
‼竹富港自行車5分
MAP85 B-1

安里屋クヤマ誕生的家

あさとやクヤマせいたんのいえ

絕世美女クヤマ出生的地方。由於是民宅，內部不提供參觀。 MAP85 B-1

西棧橋

海風非常舒服。

にしさんばし

可以拍攝到漂浮在對岸的巨大西表島。 ☞P.91

前往島上最漂亮的海灘。

皆治海灘（星砂海灘）

カイジはま（ほしずなのはま）

以「星砂」聞名的海灘。也有充滿南國情調的商店。

[海灘] ☎0980-82-5445
（竹富町觀光協會）
🏠竹富町竹富
Ｐ無
‼竹富港自行車18分
MAP85 A-2

發現星砂了！

尋找幸運的星砂。

Kondoi海灘

可以在祖母綠的淺灘戲水或在岸上悠閒地享受日光浴。

[海灘] ☎0980-82-5445（竹富町觀光協會）🏠竹富町竹富 Ｐ無 ‼竹富港自行車15分 MAP85 A-2 ☞P.91

自行車要這麼租

在竹富港向各店的迷你小巴士提出申請，前往聚落

在店裡辦好手續，騎自行車出發！

SHOP LIST

丸八出租自行車	☎0980-85-2305
友利出租自行車	☎0980-85-2260
出租自行車竹富	☎0980-84-5988
新田觀光	☎0980-85-2103
竹富觀光中心	☎0980-85-2998

價格為1小時300日圓、1天1500日圓

不妨逛逛島上的伴手禮店喔！

イナフク

位於Nagomi之塔對面的伴手禮店。竹富T恤、竹富島醬油、假蒌拔（ピィヤーシ）、長壽茶等島上名產齊全。

看到醒目的紅色郵筒就是了

[雜貨] ☎050-3510-6994 🏠竹富町竹富354-2 ⏰10:00～17:00 ⊗不定休 Ｐ無 ‼竹富港自行車5分 MAP85 B-1

南潮庵

なんちょうあん

天然素材的首飾店。南國風味的手鐲（2800日圓～）和手機吊飾（1800日圓）非常受歡迎。

使用木頭的果實和貝殼的首飾

[雜貨] ☎0980-85-2040 🏠竹富町竹富637 ⏰10:00～17:00（夏季～18:00）⊗不定休 Ｐ無 ‼竹富港自行車8分 MAP85 B-2

Island

アイランド

使用夜行貝或子安貝製成的首飾，精美的程度堪稱標本級。也可以體驗道地的貝殼工藝（3800日圓～，需預約）。

夜光蝶蝶項鍊3500日圓～

[雜貨] ☎0980-85-2403 🏠竹富町竹富164-5 ⏰10:00～17:00 ⊗不定休 Ｐ無 ‼竹富港自行車8分 MAP85 B-1 ☞P.27・91

如果遇到島上的老爺爺（おじい）或老婆婆（おばぁ），記得要打招呼喔！對方會回以溫暖的微笑。

傳統的街道溫柔地迎接著訪客
讓人感到安心的竹富島的飯店

竹富島上都是麻雀雖小但五臟俱全的旅館。
不妨在日落時分的街道上靜靜地散步，
然後再享用旅館精心烹調的家常菜。

令人心裡平靜的沖繩家庭式民宿
民宿 泉屋
みんしゅくいずみや

從沖繩復歸日本的1972年以前就營業的老字號民宿，至今仍保留著傳統沖繩民家稱為「一番座」和「二番座」的房間租借給旅客的風俗習慣。在盛開著南國花卉的院子裡好好地休息之後，可以聽見閑靜的三線樂音及看到觀光用的水牛車緩緩地經過。這家民宿裡充滿古色古香的八重山風情。

1 鮮艷的九重葛是其標誌。中庭也盛開著各種花卉　2 餐點可以吃到島上的家常菜。這天的晚餐是旗魚生魚片和海藻湯、紫米飯等等　3 涼風習習吹過古老的榻榻米房間，十分舒適　4 即使是樸素的擺飾也成了美好的室內設計

民宿　☎090-5943-5165
⌂竹富町竹富377　🕐IN隨時 OUT10:00　客室7間
¥附2餐5800日圓～　P無　‼竹富港接駁車5分
MAP 85 B-1

 這裡最迷人

穿上傳統的紅型衣裳化身為島上居民
還提供給女性穿著色彩鮮艷的紅型衣裳，讓身心都變成島上的居民，這種感覺真是不可思議，絕對能成為此行的紀念。

虹夕諾雅 沖繩充滿竹富島的風情

傳統的紅瓦屋頂客房、游泳池、按摩水療等等一應俱全的正統度假村，可以充分地享受島上風情。

虹夕諾雅 沖繩

☎050-3786-0066(虹夕諾雅綜合預約) MAP 85 B-2

1 瀰漫著竹富島風情的紅瓦屋頂小木屋林立著
2 日式風味的餐點使用大量島上食材
3 純用木頭打造的客房氣氛非常寧靜（上圖為大套房）

在紅瓦的小木屋享受島嶼風情
ヴィラたけとみ

與傳統街道相得益彰的紅瓦屋頂小木屋，在民宿眾多的島上算是比較重視個人隱私的。也有附設客廳空間的洋室大套房。餐桌上擺滿使用當季蔬菜及近海魚貝類入菜，富有鄉土色彩的各色佳餚。

♪♫ **這裡最迷人**

在傳統的島上無拘無束地悠閒度假

蓋在鋪滿白色珊瑚庭院對面的小木屋，採取宛如「偏屋」一般的設計，可以從各自的緣廊自由進出，能夠無拘無束地享受離島假期。

西洋風民宿 ☎090-7156-2431 ⌂竹富町竹富1493 ⏱IN15:00 OUT11:00
客房8間 ¥附2餐12500日圓～ Ｐ有 ‼竹富港接駁車5分
MAP 85 A-2

🕊 **這裡也很迷人** ✿

可以在保養得非常漂亮的草坪庭院裡恣意地放鬆休息

在紅瓦屋頂的民宿享受美食假期
やど家たけのこ
やどやたけのこ

靠近夕陽名勝西棧橋附近的民宿。天花板很高，客房裡瀰漫著木頭的香味，空調及衛浴等設備一應俱全。晚餐可以細細品味使用縣產牛以及竹富島產明蝦等高級食材的餐點。

每個房間裡都有空調（免費）和冰箱、沖洗功能的免治馬桶等

民宿 ☎0980-85-2009 ⌂竹富町竹富206-1 ⏱IN15:00 OUT 11:00 客房6間 ¥附2餐10800日圓～ Ｐ無 ‼竹富港接駁車5分 MAP 85 A-1

在竹富島過夜，黃昏時一定要前往西棧橋🔖P.87·91，可以看到非常浪漫的夕陽喔。

在竹富島住宿感受
早晚時間緩緩地流逝

竹富島固然以當天來回的觀光較有名，
但是只要住在這裡一天，就可以發現其真正的魅力喔！
感覺好像從竹富島身上學習到「悠閒度日」的真諦。

6:00
神清氣爽的清晨散步。
白沙小徑上每天早上都
有當地居民出來掃地，
真是辛苦了。

10:30
選擇伴手禮的同時
問一下要怎麼做。

11:30
在餐廳享用竹富島
著名的明蝦午餐。

14:30
在衝向大海前別忘了
確實做好防曬措施喔！

16:30
回到聚落，在冰果店
咕嚕咕嚕地暢飲果汁。

18:00
沉下海中的夕陽
真是好浪漫喔。

19:00 在花園露台享用的是
青海菜炒社飯定食。

20:00
島上進入了
靜靜的夜色裡。

竹富島的夜晚十分安靜，只有不知道打哪兒傳來的三線音色構成令人心靈神馳的背景音樂，有時候還能聽見壁虎啾啾的叫聲，讓人不禁莞爾。

11:30 吃午餐的地方是…
ガーデンあさひ

從八重山沖繩麵到洋食，菜色十分豐富的食堂。特別推薦炸明蝦、附迷你八重山沖繩麵的午間套餐（1200日圓）。

餐廳 ☎0980-85-2388
⌂竹富町竹富163-1
🕐11:00～15:00、18:00～21:00
困不定休 ℗有
竹富港自行車8分 MAP85 B-1

也有露天座位區

推薦menu
塔可飯……850日圓
石垣島產黑毛和牛燒肉……1000日圓
石垣島產黑毛和牛丼……1000日圓

16:30 吃冰沙的地方是…
ちろりん村
ちろりんむら

位於仲筋聚落的咖啡廳，使用島上水果製作的冰沙和雞尾酒等都值得一嘗。島上的長夜也可以舒適度過。

咖啡廳 ☎0980-85-2007
⌂竹富町竹富653
🕐10:00～24:00 困不定休
℗無 竹富港自行車10分
MAP85 A-2

看紅色的風獅爺就對了

推薦menu
鮮鳳梨冰沙……700日圓
鮮芒果冰沙……1000日圓
Mojito雞尾酒……800日圓

19:00 吃晚餐的地方是…
グリルガーデン たるりや

栽種著香蕉樹的開放式花園露台，有著極為濃重的南國風情。可以享用到青海菜和苦瓜等當地的食材。

美食 ☎0980-85-2925
⌂竹富町竹富1493
🕐11:00～16:00、19:00～23:00
困無休 ℗無 竹富港自行車5分
MAP85 B-1

像是南國的啤酒屋一般

推薦menu
青海菜炒什錦定食
……750日圓
苦瓜定食……750日圓

10:30 買伴手禮的地方是…
Island
アイランド

西棧橋附近的貝殼飾品專門店，店內擺滿了小小的吊飾到墜飾等的各種單件商品。

雜貨 ☎0980-85-2403
⌂竹富町竹富164-5 🕐10:00～
17:00 困不定休 ℗無
竹富島自行車8分
MAP85 B-1 ⤴P.27・87

夜光貝的項鍊3900日圓～

14:30 海上玩水去的海灘是…
Kondoi海灘
⤴P.87

18:00 欣賞夕陽的地方是…
西棧橋
にしさんばし

觀光景點 ☎0980-82-5445
（竹富町觀光協會） ⌂竹富町竹富 ℗無 竹富港自行車10分
MAP85 A-1 ⤴P.87

如果還有時間的話

我可是屋頂上的守護神

實際存在於島上的風獅爺複製品可是非常珍貴的

在船客待合所的商店購買島上的伴手禮
てぇどぅん かりゆし館
てぇどぅんかりゆしかん

位於船客待合所中的島內觀光資訊中心，販賣著島上的特產或只有在這裡才能買到的竹富島原創商品。

雜貨 ☎0980-84-5633
⌂竹富町竹富 🕐7:30～
最後船班開船時間 困船班
停駛時不定休 ℗種子取祭
竹富港即到 MAP85 B-2

由於島上沒有便利商店，趁白天先在商店把消夜之類的買好備用。

『水姑娘』島嶼充滿簡樸的魅力
悠閒地逛逛小濱島吧

島上一整面都是廣大的甘蔗田，
海風輕輕拂過會發出『沙……沙……』的低語。
聚落裡是傳統的紅瓦屋頂民宅，是很能夠放鬆心情的島嶼。

前往離島的交通
石垣島↔小濱島

●高速船

需時	價格（單程）	班次
25～30分	1060日圓	1天11～18班

⚓P.82

抵達港口之後…

從石垣島出發的一日遊行程

觀光的重點果然還是落在跟電視連續劇『水姑娘』有關的地方。只要駕駛租來的汽車或機車，大約2小時就能逛完所有的主要景點。也可以在船客合所裡辦理租車手續。因為有很多坡道，所以騎自行車會比較吃力。

飯店或民宿的車子會來迎接。

島上的交通工具
（價格值供參考）

●出租自行車
　1小時300日圓～、1天1500日圓～
●出租摩托車
　1小時800日圓、1天4000日圓
●出租汽車
　1小時1500日圓～、24小時6500日圓～

前往一直線的馬路「砂糖之路」。

砂糖之路

由聚落往東南方延伸的筆直道路。常常以上下學的必經之路出現在連續劇裡。從位於高處的聚落越過甘蔗田，還可以看見閃爍著鈷藍色的大海。

（觀光景點）☎0980-82-5445（竹富町觀光協會）⼞竹富町小浜 Ｐ無 ‼小濱港車程5分 МАР93 B-1

有用的電話簿

●觀光綜合服務
竹富町商工觀光課… ☎0980-82-6191
竹富町觀光協會… ☎0980-82-5445
●出租汽車・摩托車・自行車
小濱島綜合服務處…☎0980-85-3571
小濱島觀光………☎090-5939-3418
レンタル屋さん結…☎0980-85-3388

※以上詢問處基本上使用的語言是日文，請注意。

前往島的最西端漁夫聚落─細崎漁港。

令人大呼過癮的360度環繞全景。

在女主角惠里的老家拍照留念。

細崎漁港
くばさきぎょこう

女主角惠里小時候奔跑著和正要搭船離去的和也大喊「我們結婚吧！」的長長堤防就在這裡。

（港）☎0980-82-5445（竹富町觀光協會）⼞竹富町小浜 Ｐ有 ‼小濱港車程10分 МАР93 A-1

大岳
うふだき

天氣好的時候可以從位於海拔約99公尺的山頂展望台將八重山群盡收眼底。由於要爬一段陡峭的上坡路，不適合穿高跟鞋。

（展望台）☎0980-82-5445（竹富町觀光協會）⼞竹富町小浜 Ｐ有 ‼小濱港車程5分 МАР93 B-1

古波藏莊
こはぐらそう

惠里的老家，以民宿「古波藏莊」的身分登場。可以在山莊內參觀，還保留著拍攝當時使用過的民宿招牌。

（觀光景點）☎0980-82-5445（竹富町觀光協會）⼞竹富町小浜 Ｐ無 ‼小濱港車程5分 МАР93 C-1

約1小時
（周圍16.6km）

從石垣島出發的首班高速船為7:10，從小濱島出發的末班船為17:45。由於租車或租借摩托車的費用已經包含油錢，所以不用加油。聚落內的馬路很狹窄，所以請小心駕駛。

大岳 P.92
大岳展望台
直升機場
竹富町
右圖
村内 小浜中
小浜
小濱島
P.92 砂糖之路
P.92 細崎漁港
アカヤ崎
小濱港
くば屋ぁ P.93
BOB's CAFE P.93
星野度假村Risonare小濱島 P.95
リゾナーレ 琉球スパ P.67
南十字星度假區 HAIMURUBUSHI P.94
ぬちぐすいスパ P.67
ヨナラ水道
ピルマ崎
村内 P.92 民宿
古波藏莊 だいく家
P.133 小浜中
民宿うふだき莊
P.93 軽食シーサイド
P.93 ヤシの木

小濱島
周邊圖 P.81

上方為北方
0 600m
1:80,000

小濱島／環島計劃

以下是小濱島美食&伴手禮的據點

ヤシの木
ヤシのき

淋上小濱產黑糖糖漿，黑糖聖代490日圓

也很推薦五顏六色、充滿南國風味的手帕

（咖啡廳／雜貨）☎0980-85-3253
⌂竹富町小浜2584 ⓛ10:30～18:00
（有季節性變動）⊠週五 Ⓟ無
‖小濱港車程5分 MAP 93 C-1

也可以買到可愛商品的咖啡廳

除了有咖哩飯及義大利麵、蛋包飯等洋食以外，甜點和飲料的項目也都很豐富的咖啡廳。還販賣著各種商品，上頭有著筆觸溫柔細緻的插圖。

BOB's CAFE
ボブズカフェ

黑糖照燒風味的小濱漢堡盤餐800日圓

（咖啡廳）☎0980-85-3970 ⌂竹富町小浜
3400-38 ⓛ11:00～22:00（週一～～16:30）
⊠無休 Ⓟ無 ‖小濱港即到 MAP 93 B-1

小濱港盡收眼底的咖啡廳

塔可飯等的餐點種類豐富，小濱漢堡還可以外帶。位於港區附近十分方便。

軽食シーサイド
けいしょくシーサイド

（食堂）☎0980-85-3124
⌂竹富町小浜2565 ⓛ10:00～13:45、
17:00～20:45 ⊠週日 Ⓟ無
‖小濱港車程5分 MAP 93 C-1

份量十足、多彩多姿的餐點

以充滿媽媽味道的定食和蔬菜麵打響知名度的食堂。也可以品嘗到刨冰等等。

滿滿都是蔬菜和肉的蔬菜麵550日圓

くば屋ぁ
くばやぁ

（雜貨）☎0980-85-3616
⌂竹富町小浜（小濱港客輪候船室內）
ⓛ8:00左右～17:30左右（到最後船班）
⊠無休 Ⓟ有 ‖小濱港即到 MAP 93 B-1

在港口選購島上的特產！

島上老婆婆親手製作的點心和工藝品、手帕等小濱伴手禮都集中在這家店。

位於候船室的一隅

「古波藏莊」的房屋可是日本的登錄文化財喔！

小濱島有著令人著迷的度假村
在寧靜島上度過尊貴的假期

在小濱島上可以享受正統的度假村假期。
舒適的設施和充實的服務在日本也算是頂級的。
不妨隨心所欲地度過奢華的假期吧！

Guest Room

在海景套房裡
盡情享受假期！

客房共有7種，上圖為巧妙地融合八重山的傳統、文化的海景套房。床和沙發、浴室等的配置是以隨時都可以看到海為前提。

日本最大規模珊瑚礁懷抱裡的日本最南端海灘度假村

可以享受高級假期的「生命之藥度假村」
南十字星度假區 HAIMURUBUSHI
はいむるぶし

以「生命之藥度假村」為設計概念，可以看到美麗風景、吃到美味佳餚，讓心溫熱起來，得到療癒的正統度假村。12萬坪腹地裡繁花似錦，具有八重山地方特色的設施和料理、戶外活動等都種類豐富。高人氣的海灘也重新整修開放，可以盡情享用更高等級的假期。

☎0980-85-3116（HAIMURUBUSHI預約中心）
⌂竹富町小浜2930
¥附早餐17850日圓～
⏰IN 15:00 OUT 11:00　138間　P有
‼小濱港車程5分（提供接送）　MAP 93 B-1

1可以一面看海，一面安靜度假的海灘露台　**2**在飯店內也屬頂級的「ぱなりテラス」裡度過優雅的假期　**3**在夏季營業的戶外餐廳「ガーデンダイニング」裡觀賞景色享用烤肉

黃昏時，別墅的燈光映照在潟湖呈現出如夢似幻的氛圍

沉浸在優雅的「真南風浪漫」裡
星野度假村
Risonare小濱島

ほしのリゾートリゾナーレこはまじま

包括簡直像是住在豪宅裡的皇家大套房，一共有7種不同的房型，可以配合旅行的目的，選擇最適合的房型。有著海灘和潟湖的廣闊占地內，提供大型泳池和使用沖繩材料的spa、高爾夫球場等多元的設施。是一座能感受到非日常的時間緩緩流逝的成人派度假村。

☎050-3786-0055（Risonare預約中心）
🏠竹富町小浜東表2954
¥附早餐10000日圓～
🕐IN15:00　OUT11:00　客室160間　P有
🍴小濱港車程5分（提供接送）　MAP 93 B-1

GOLF 初學者也可以輕鬆玩玩高爾夫球！

度假村內有日本最西南方的高爾夫球場。在18洞的正統球場上，可以輕鬆享受美國式的高爾夫球場！

1 可以在摩登的客廳和浴室裡徹底放鬆的高級大套房　2 沉穩色調中可以放鬆休憩的Risonare雙床房　3 在「Deep Blue」餐廳裡享用使用大量當地食材的晚餐　4 可以享受到多種戶外活動的il mare海灘

在星野度假村Risonare小濱島裡，可以參加「朝焼けcafé」等活動來揭開一天的序幕。

時間緩緩流逝的心形島嶼
想不想來黑島戲水啊？

黑島的形狀呈心形，島上有廣大的牧場，
牛隻都過著非常悠哉的生活。
至於被壯觀的珊瑚礁圍繞的仲本海岸，則是絕佳的浮潛地點。

前往離島的交通
石垣島↔黑島

● 高速船

需時	價格（單程）	班次
25～30分	1150日圓	1天5～8班

P.82

島上的交通工具
（價格僅供參考）

● 出租自行車
1小時200日圓、1天1000日圓
● 出租摩托車
1小時900日圓、1天5000日圓

有用的電話簿

● 觀光綜合服務
竹富町商工觀光課…☎0980-82-6191
竹富町觀光協會…☎0980-82-5445
● 出租摩托車・自行車
黑島觀光（自行車）…☎0980-85-4808
まっちゃんおばーのレンタサイクル
　　　　　　　　　　…☎0980-85-4329

※以上詢問處基本上使用的語言是日文，請注意。

抵達港口之後…

從石垣島出發的一日遊行程

由於地形很平坦，所以建議在港口附近租輛自行車來環島。因為島上的道路並沒有可以中途停下來休息的陰涼處，所以夏天請徹底地做好防曬措施後再出門。

自行車行的工作人員
會在港口待命。

島上有一大片
閒靜的牧場。

牛的數量是人口（約200人）的10倍以上。會把小牛運送到日本全國各地，養成有名的名牌牛。

前往海龜
產卵的西濱。

西濱
にしのはま

靠近港口，也可以享受海水浴和浮潛的海灘。同時也是可遠眺西表島及新城島的宏偉日落景點。4月到9月會有海龜前來產卵。

（海灘）☎0980-82-5445（竹富町觀光協會）竹富町黑島 P無
黑島港自行車5分 MAP97 B-1

在天然游泳池
仲本海岸浮潛！

仲本海岸
なかもとかいがん

當仲本海岸退潮時，就成了四周都是珊瑚圍繞的天然游泳池。色彩繽紛的熱帶魚恣意悠遊於其間的海底最適合浮潛了。請注意，即使天氣良好，若浪頭太高的日子還是不能游泳。

前往島上地標
黑島燈塔。

黑島燈塔
くろしまとうだい

剛好落在心形島嶼的尖端部分，傲然挺立的燈塔。聽說情侶一起前往的話，愛情就能天長地久。

（燈塔）☎0980-82-5445（竹富町觀光協會）竹富町黑島 P無
黑島港自行車30分 MAP97 B-1

（海灘）☎0980-82-5445（竹富町觀光協會）竹富町黑島 P無
黑島港自行車15分 MAP97 A-1

一出自行車行就馬上向右轉，沿著防風林往前奔馳吧！通過仲本海岸前，前往黑島燈塔再回轉。首班從石垣島出發的高速船為8:00，黑島出發的末班船為17:35。

黑島 整個繞上一圈

🚲 **約1小時**
（周圍12.6km）

黑島研究所 P.97
ⓡ パーラーあ～ちゃん P.97
遊客中心
宿・味処はとみ ⓡ P.97
P.133民宿のどか ⓗ
P.96 仲本海岸 ⓞ

P.96 西濱 ⓞ
黑島港
ⓢ まちや P.97
放牧場
仲盛御嶽
北神山御嶽
伊古
🏫黑島中
東筋
放牧場
黑島
遊客中心
左圖
放牧場
キャングチ海中公園
竹富町
P.96 黑島燈塔 ⓞ

黑島
周邊圖 ○ P.81
上方為北方
0 800m
1:80,000

黑島／環島計劃

前往了解海龜的生態。

海龜及珊瑚的資料相當齊全

黑島研究所
くろしまけんきゅうじょ

可以參觀海龜飼養保育情況的研究設施。除了可以丟餌給海龜和鯊魚，還會在春假暑假和GW（5月），舉辦放流活動來學習海龜生態。

資料館 ☎0980-85-4341 ⌂竹富町黑島136
🕐9:00～18:00 ㊡無休 ¥500日圓 Ⓟ無
‼黑島港自行車10分 MAP 97 A-1

以下是黑島美食&伴手禮的據點

宿・味処はとみ
やどあじどころはとみ

食堂 ☎0980-85-4265 ⌂竹富町黑島1818
🕐11:30～14:00、20:00～23:30 ㊡不定休
Ⓟ無 ‼黑島港自行車20分 MAP 97 A-1

菜色很豐富的島上食堂
排骨麵和定食等料理具有濃濃鄉土色的島上食廳。晚上為居酒屋型態。

沖繩炒什錦定食（700日圓）的份量十足

パーラーあ～ちゃん

食堂 ☎0980-85-4936 ⌂竹富島黑島83
🕐11:00～15:00(有時期上的變動) ㊡不定休(冬季週三休) Ⓟ無 ‼黑島港自行車10分 MAP 97 A-1

品嘗黑島的家庭料理
可以吃到黑島著名的牛肉麵和牛肉麵、魚湯和青海菜湯，以及罕見的椰子蟹麵等。

黑島產牛肉燉成的牛湯定食1000日圓

まちや

雜貨 ⌂竹富町黑島(黑島港船客待合所)
🕐配合船進入港口的時間營業
㊡無休 Ⓟ有 ‼黑島港即到 MAP 97 B-1

一整年都可以買到牛祭的週邊商品
每年2月舉行的「牛祭」熱賣原創T恤和手帕等等應有盡有。

俏皮又可愛的「牛週邊」

在2月最後週日舉行的「黑島牛祭」重頭戲，是可以抽到一頭牛的抽獎。

暢遊「東洋的加拉巴哥群島」
來西表島上走走看看吧

西表島是沖繩第二大島，生長著茂密的亞熱帶叢林，
因為西表山貓等珍貴的生物也棲息在這裡，所以素有「東洋的加拉巴哥群島」之稱。
徜徉在大自然中的生態之旅充實度絕對能令人滿意。

前往離島的交通

●高速船

◆石垣島◀──▶西表島‧大原港

需時	價格（單程）	班次
35～40分	1570日圓	1天11～16班

◆石垣島◀──▶西表島‧上原港

需時	價格（單程）	班次
40～45分	2060日圓	1天7班

🔖P.82

島上的交通工具（價格僅供參考）

●巴士
　大原港◀──▶上原港940日圓

●出租自行車
　1小時250日圓～、1天1500日圓～

●出租摩托車
　1小時500日圓～、24小時2500日圓～

●出租汽車
　3小時3000日圓～、24小時5000日圓～

有用的電話簿

●觀光綜合服務
竹富町商工觀光課⋯⋯⋯⋯⋯⋯☎0980-82-6191
竹富町觀光協會⋯⋯⋯⋯⋯⋯⋯☎0980-82-5445

●路線巴士‧計程車
西表島交通⋯⋯⋯⋯⋯⋯⋯⋯⋯☎0980-85-5305

●出租汽車‧摩托車‧自行車
歐力士租車（汽車）⋯⋯⋯⋯⋯☎0980-85-5888
山貓租車大原營業所（汽車）⋯☎0980-85-5111

西表島有這兩個港口。

上原港（西部）

位於西表島北方的港口，旅館及各種商店都集中在
這一帶。只要事先預約好旅館或行程、租車服務，
工作人員就會到港口來迎接。海相不佳的時
候，上原航線很容易停駛，請特別注意。

也有開往鳩
間島的航班。

大原港（東部）

位於西表島南方的港口，周邊的大原聚落呈現出
樸素風情。紅樹林長得很茂密的大河——仲間川就
在附近。只要事先預約好旅館或行程、租
車服務，工作人員就會到港口來迎接。

班次比上原航線多，
比較不容易停駛。

港口間
路線巴士
50分、
開租賃車
約1小時

要去這些觀光景點很方便

🔖P.102

浦內川 うらうちがわ
搭乘遊覽船逆流而上，
是沖繩縣最大的河流。

🔖P.101

星砂海灘 ほしずなのはま
西表島最具知名度的海
灘。

🔖P.102

マリユドゥ瀑布 マリユドゥのたき
位於浦內川的上游，巨大
又美麗的瀑布。

🔖P.101

月濱 つきがはま
可以享受到海岸線美麗景
色的海灘。

要去這些觀光景點很方便

🔖P.100

仲間川 なかまがわ
有一大片紅樹林的大
河。

🔖P.101

南風見田之濱 はえみだのはま
分布在西表島南端的白
沙海灘。

🔖P.100

亞熱帶植物樂園 由布島
あねったいしょくぶつらくえんゆぶじま
可以搭乘當地特產的水牛車觀光。

🔖P.101

西表野生生物保護中心
いりおもてやせいせいぶつほごセンター
可以得到很多西表島的知識。

遊遊西表島
(並不然環島一周)
從東部的南風見田之清到
西部的白濱

🚗 **約2小時**
（周圍130.1km）

上原港和大原港之間的距離約30公里，連結西部和東部的路線巴士1天只有幾班而已，所以在島上遊逛的時候，建議租車自駕或租借摩托車。

西表島
上方 為北方
周邊圖▶P.81
0   3km
1:310,000

ウ離崎

住吉 中野
浦内 上原

左下圖

八重山觀光渡輪・石垣島夢觀光
安榮觀光(石垣→上原→鳩間→石垣)
安榮觀光(上原→石垣)・八重山觀光渡輪(上原→鳩間→石垣)

B   C

イルンティ フタデムラ H P.133

干立

相納

215

浦內川觀光 P.102

🅢 大見謝紅樹林公園 P.101

H Iriomotejima-Jungle hotel Painumaya P.106

🅢 西表島の染め織り屋さん体驗工房ゆくい P.105

外離島

白浜

古見岳

野原崎

嘉弥真島

サバ崎

内離島

波照間森

西表島

竹富町

仲良川

P.93小濱島

細崎

村原

210

小濱島

ヌバン崎
バイミ崎

船浮浮浮灣

崎山浜

御座岳

P.101 西表野生生物保護中心 H

嘉佐崎

🅢 亞熱帶植物樂園 由布島 P.100

落水崎

鹿川湾

サキシマスオウノキ群落♣

大富

仲間崎

右下圖

215
大原

豊原

安榮觀光
八重山觀光渡輪
石垣島夢觀光

安榮觀光(大原→石垣)
石垣島夢觀光
八重山觀光渡輪

P.101南風見田之濱

La Teada Iriomote Resort P.133

H 南風見崎

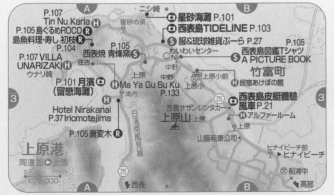

A   二シ崎   B

P.107
Tin Nu Karla H
星砂の浜
🅢 星砂海灘 P.101

P.105島ぐるめROCO R
島魚料理・寿し 初枝 R
P.104

🅢 西表島TIDELINE P.103

P.105 西表焼 青烽窯 🅢

西表島
住吉

🅢 服&琉球雑貨ぶーら P.27

わいわいセンター

P.105
🅢 西表島図鑑Tシャツ A PICTURE BOOK

P.107 VILLA
UNARIZAKI H
ウナリ崎

上原小前
中野 H 民宿あけぼの館

竹富町

P.101 月濱
(留戀海灘) H Ma Ya Gu Su Ku
P.133

浦内

215
上原小

🅢 西表島皮艇體驗 風車 P.21

Hotel Nirakanai
P.37 Iriomotejima

西表サザンレンタカー

上原山 上原

H アルファールーム

P.105 唐変木 R

白濱南風見線

山猫租車公司

ヒナイビーチ前

A   215   西表   B

▶ヒナイビーチ

船浦中

高那

上原港
周邊圖▶上圖
0   750m
1:75,000

C

大原港
周邊圖▶上圖
0   600m
1:60,000

竹富町

大富

大冨

仲間橋

仲間川

215

大冨

H ペンションなかまがわ

仲間港

歩き屋野遊び店 P.103のぶす

仲間川 大原 紅樹林 遊船之旅 P.100

南風 民宿なみ荘

🅢 クラフト&アートの店 マツリカ P.27・105

泡波と島の味 P.104 はてるま

大原診療所

大原港

C

主要的觀光景點及聚落都位在幹線道路的沿路上，沒有可以環島一周的道路。

天然島嶼上總是綠意盎然
西表島是欣賞亞熱帶景色的最佳據點

一提到西表島，莫過於亞熱帶的大自然。
島上星羅棋布著野生觀光景點，
不妨以租車自駕的方式有效率地前往熱門的景點吧！

一提到西表島
就是這個！

整座由布島都是亞熱帶植物園

周圍約2公里的小島上長滿了椰子樹等亞熱帶植物，一年四季都盛開著扶桑花、九重葛。

全日本知名的水牛車。
海天之間是一片閒靜的風景

在水牛車的搖晃下
前往由布島觀光吧
亞熱帶植物樂園 由布島
あねったいしょくぶつらくえんゆぶじま

在水牛車的搖晃下，花上15分鐘左右，慢條斯理地跋涉過位於西表島與由布島之間大約400公尺淺灘的畫面聞名全日本。一面傾聽導遊用三線彈奏的民謠，一面沉醉在南國風情裡。

植物園 ☎0980-85-5470
⌂竹富町古見689 ⏱9:00～17:00（最後一班水牛車於16:15從西表島出發）㊡無休 ¥1400日圓（內含入場券、搭乘水牛車的來回車資）Ｐ有 ♥大原港到水牛車搭乘處車程15分 ⅯⱯⱣ99 C-2

即使是同一個地方，漲潮與退潮的風景截然不同是仲間川的魅力所在

在河流上游可以看到異形的巨木！
仲間川紅樹林遊船之旅
なかまがわマングローブクルーズ

沿著全長17.5公里，兩岸大約300公頃廣大腹地全都長滿紅樹林的仲間川逆流而上的遊覽船觀光（所需時間約70分）。從中游停靠站用走的就可以走到日本最大的銀葉樹下。

遊覽船 ☎0980-85-5304
⌂竹富町南風見201大原港內 ショップじゅごん ⏱8:30～17:30（出航視潮位和天候變動）㊡無休 ¥1540日圓 Ｐ有 ♥大原港內 ⅯⱯⱣ99 C-3

與神祕的巨木面對面

根的表面積相當於77張榻榻米的銀葉樹大樹。

從石垣島以當天來回的方式前往西表島開車兜風時，租借可以在大原港異地歸還的車，再從上原港搭船回來（也可以倒著走）比較有效率。或者是將範圍侷限在「東部」「西部」，再前往觀光景點。

↑可以親眼看到西表山貓（標本）

在紅樹林森林裡散步
大見謝紅樹林公園
おおみじゃロードパーク

紅樹林公園
☎0980-82-5445（竹富町觀光協會）
⌂竹富町西表 ⏰免費參觀
Ⓟ有 🚗上原港車程15分
MAP 99 B-1

素有海中森林之稱的紅樹林原生林

連結島的東部與西部的外圍道路中間地點，位於大見謝川河口的休息據點。在一路往海邊延伸紅樹林聚落的觀察通路或展望台上享受些微的探險氣氛。

與西表島的野生生物有關的資料很豐富

以天然紀念物的西表山貓為中心，用表板及影像等等，淺顯易懂地介紹西表島的野生動物，整座西表島就像是一座天然的博物館一般。

充分地了解西表島的一切
西表野生生物保護中心
いりおもてやせいせいぶつほごセンター

環究設施 ☎0980-85-5581
⌂竹富町古見 ⏰10:00～16:00
週一、假日（兒童節、文化節除外）、慰靈之日（6月23日）🈯免費
Ⓟ有 🚗大原港車程20分 MAP 99 B-2

西表島／環島計劃

以下是西表島特別值得推薦的海灘

南風見田之濱 はえみだのはま

位於西表島南端的白沙海灘，叢林與碧藍海水的對比美得不可思議。
海灘 ☎0980-82-5445（竹富町觀光協會）
⌂竹富町南風見 ⏰免費進場 Ⓟ有
🚗大原港車程10分 MAP 99 B-2

星砂海灘 ほしずなのはま

即使在淺灘也可以看到熱帶魚，以海水浴及浮潛的據點打開知名度。
海灘 ☎0980-82-5445（竹富町觀光協會）
⌂竹富町上原 ⏰免費進場 Ⓟ有 🚗上原港車程10分 MAP 99 A-3

月濱（留戀海灘） つきがはま（トゥドゥマリのはま）

踩在沙灘上會發出聲音的「音樂沙」非常有名。海龜在產卵的季節會游上岸。
海灘 ☎0980-82-5445（竹富町觀光協會）
⌂竹富町上原 ⏰免費進場 Ⓟ有 🚗上原港車程10分 MAP 99 A-3

基本兜風路線 大原～上原繞一圈的行程

大原港 →車15分→ 可以看到波問島／南風見田之濱的海灘 →車15分→ 遊覽紅樹林流域 →車15分→ 了解西表野生生物保護中心 →車10分→ 亞熱帶植物樂園／由布島 →車30分→ 大見謝紅樹林公園 →車25分→ 找到幸運海的星砂 →車10分→ 上原港

路上到處都有「注意西表山貓過馬路」的標誌，看到時請放慢速度。

101

在西表島叢林或海洋來趟小小的冒險
享樂大自然生態之旅

生態之旅是最適合盡情徜徉在西表島大自然中的行程了。
其中最受歡迎的是以叢林深處的瀑布為目標的行程。
划著海上獨木舟在海上野餐的感覺也非常痛快！

前往マリユドゥ瀑布和カンピレー瀑布 奔騰在浦內川上游的兩座神秘的瀑布

從碼頭到瀑布是一連串的山路，由於步道整修得十分完備，所以穿著普通運動鞋就可以前往了，但是海灘鞋還是不適合。因為沒有地方設置飲水機，所以別忘了準備好水。

マリユドゥ瀑布是獲選為日本瀑布百選的知名瀑布

浦內川觀光
うらうちがわかんこう

流經西表島的浦內川是沖繩縣內最大河，上游有マリユドゥ瀑布和カンピレー瀑布奔騰而下。從河口的浦內橋附近，到上游軍艦岩之間有穿梭在叢林裡的遊覽船來去。前往瀑布的登山步道整修得十分完備。

團旅專門店
☎0980-85-6154
⛩竹富町上原870-3（遊覽船搭乘處）
🕐遊覽船從9:00～15:30間1天7班
🈲無休
💴浦內川亞熱帶叢林巡遊1800日圓
🅿有 ‼上原港車程15分 MAP 99 A-1

可以享受這樣的一天！

從浦內川河口的遊覽船搭乘處出發，進行這趟叢林探險之旅

從上游的軍艦岩開始登山健行

從展望台欣賞マリユドゥ瀑布（禁止靠近瀑布）

抵達以階梯狀呈現，長達200公尺的カンピレー瀑布

在等待回程的遊覽船時，可以坐在川原，享受片刻清涼

在西表島上，有很多不小心進去會很危險的區域，所以請向對島上知之甚詳的專業導遊報名參加行程，方能享受安全又可以看遍主要景點。

往ユツン瀑布　順著溪流登山健行

森林浴和負離子令人身心煥然一新

ユツン瀑布又稱為三層瀑布，是一座非常美麗的瀑布。順著清冽的水流往上爬，可以在瀑布享受到天然瀑布沖洗，是充滿了野趣的健行路線。對島上知之甚詳的登山專家也在一起，所以即使是外行人也不用擔心。

歩き屋野遊び店のぶず

あるきやのあそびてんのぶず

【團体專門店】☎0980-85-5628
🏠竹富町南風見201-14 🕐預約制
🈲不定休 🈺ユツン瀑布之旅10000日圓（內含導遊費、午餐、飲料、接送、保險費等）
🅿️有 🍴大原港車行即到（有接送）
MAP 99 C-3

享受這樣的一天！

沿著水流十分清涼的ユツン洞散步

在瀑布的上方吃午餐。從海拔250公尺看到的大海和叢林令人感動萬分

挑戰ユツン瀑布。落差達30公尺的壯觀瀑布

西表島／西表島的生態之旅

前往バラス島、鳩バナリ島　划著海上獨木舟

慢慢地划動著船槳，橫渡祖母綠般的海面

划海上獨木舟繞行於由珊瑚碎片構成的バラス島等無人島行程。可以在美麗的珊瑚礁附近浮潛，或者是在海灘享用剛煮好的午餐，盡情地徜徉在大自然裡。

西表島TIDELINE

いりおもてじまタイドライン

【團旅專門店】☎0980-85-6014
🏠竹富町上原339-1 🕐預約制 🈲不定休
🈺海上獨木舟無人島&浮潛之旅11000日圓、獨木舟&健行1日行程10000日圓（內含導遊費、午餐、飲料、保險費等）🅿️有
🍴上原港車程10分（有接送）MAP 99 A-3

享受這樣的一天！

在バラス島上岸，開始浮潛

在鳩バナリ島的海灘上享用章魚飯當午餐

回程可以從獨木舟上躍入海裡

導遊在無人島海灘上為大家烹調的章魚飯非常好吃喔。

吃得滿意、買得滿足
以下是西表島上值得推薦的店家

西表島是八重山群島中最富有個性的島嶼，
島上的美食和伴手禮全都充滿島上的特色，
以下為大家網羅可以感受到大自然的商店。

在這裡
吃東西

品嘗當天新鮮現捕的
島上鮮魚

島魚料理・寿し 初枝

しまざかなりょうりすしはつえ

漁夫老闆每天親自處理的活跳
跳鮮魚是本店最大賣點，可以
品嘗到鹽煮或電鍋蒸、鹽烤或
全烤、油炸等等的作法。招牌
菜的螃蟹肉質十分緊緻，堪稱
是人間美味。

郷土美食 ☎0980-85-6023
⌂竹富町上原10-120
🕐17:00～21:30
休週二、有冬季停業
P有
🍴上原港車程10分
MAP99 A-3

1 在沖繩，鹽煮（清蒸）
是最常見的作法（前）
2 只使用近海的新鮮魚類
3 充滿野性風味的蒸椰子
蟹（時價）
4 在落落大方的氣氛裡品
嘗山珍海味

推薦menu

鹽煮島魚
······ 1620日圓～

氣球魚湯
······ 1290日圓

綜合島魚握壽司
······ 2370日圓

由風味十足的島上物產
製作而成

泡波と島の味 はてるま

あわなみとしまのあじはてるま

使用大量當季的山珍海味、香
草等野草入菜，全都是原創菜
單的西表美食。特別推薦交給
店家拿主意的島之味全餐
（3800日圓、5500日圓，需
預約）。

郷土美食 ☎0980-85-5623
⌂竹富町南風見201-101
🕐18:00～22:00
休週日、不定休
P有
🍴大原港步行5分
MAP99 C-3

1 將香草裹上麵衣的油炸香草島
蝦、苦瓜和糯米黍的燙青菜（島
之味全餐的一例）
2 善用古老民宅呈現復古的氣氛
3 由海藻凝固製成的モーイ豆腐。
色彩繽紛的餐點令人食指大動

推薦menu

モーイ豆腐
······ 700日圓

海鮮沙拉
······ 900日圓

章魚炒洋蔥
······ 800日圓

104

西表島的餐飲店和伴手禮店多半都集中在上原集落和大原集落，尤其是上原集落，店鋪數量很多，所以用餐或買東西都很方便。

可以痛快地品嘗山珍海味
島ぐるめROCO
しまぐるめロコ

主要提供西表島近海的魚獲為主菜的餐廳，還吃得到島上著名的青蟹等食材。

炸島魚的火候十分出色

〔賀喜〕 ☎0980-85-6841
⌂竹富町上原58 ⏰18:00〜21:30
㊡不定休 ㋬有
🍴上原港車程10分
MAP 99 A-3

推薦menu
生魚片沙拉……1050日圓
炸島魚佐特製的辣味醬汁……1260日圓
墨魚汁竹輪(2個)……600日圓

紅瓦屋的餐廳
唐変木
とうへんぼく

可以品嘗到炒什錦類及墨魚湯等家常菜。使用當季水果製成的果汁及甜點也很受歡迎。

田芋派和蛋糕都可以外帶

〔鄉土美食〕 ☎0980-85-6050
⌂竹富町上原749
⏰11:30〜17:00(午餐〜15:00、有時期性變動) ㊡不定休 ㋬有
🍴上原港車程10分 MAP 99 A-3

推薦menu
炒什錦定食……750日圓
蟹湯定食……2200日圓
墨汁湯麵……900日圓

表情豐富的風獅爺迎接著客人
西表焼 青烽窯
いりおもてやきせいほうがま

利用西表島之土製成茶杯及酒杯等等的日常用品（800日圓〜）一應俱全。也別忘了欣賞一下風獅爺。

〔陶瓷〕 ☎0980-85-6936 ⌂竹富町上原324-31 ⏰9:00〜12:00、13:00〜18:00 ㊡不定休 ㋬有
🍴上原港車程5分 MAP 99 A-3

風獅爺的表情非常特別，讓人忍不住莞爾一笑

在這裡買東西

也可以體驗染織及風獅爺製作
西表島の染め織り屋さん 体験工房ゆくい
いりおもてじまのそめおりやさんたいけんこうぼうゆくい

用西表草木來為天然素材染色的「うむっさ織り」工房。也可以體驗染色及織布等等的製作。

陳列著うむっさ織り的T恤及小東西

〔工房〕 ☎090-7986-5646
⌂竹富町高那243 ⏰10:00〜20:00
㊡不定休 ㋬有 🍴大原港車程30分
MAP 99 B-1

島上的手工藝品大集合
クラフト&アートの店 マツリカ
クラフトアンドアートのみせマツリカ

以島上的材料製作而成的木工產品及首飾等等，是來自西表島產的手工藝品雜貨精品店。

〔雜貨〕 ☎090-7585-3934 ⌂竹富町南風見201-79 ⏰10:00〜18:00
㊡週五 ㋬有 🍴大原港步行5分
MAP 99 C-3 ☞P.27

手工肥皂（870日圓〜）及木工產品等等，種類琳瑯滿目

大膽的動物印花T恤
西表島図鑑Tシャツ A PICTURE BOOK
いりおもてじまずかんティーシャツアピクチャーブック

以西表山貓及大冠鷲等島上稀有動物為設計主題的T恤非常受歡迎。

〔T恤〕 ☎090-2069-1787
⌂竹富町上原341-2 ⏰10:00〜19:00
（11〜4月〜18:30）
㊡週四 ㋬有
🍴上原港車程5分 MAP 99 B-3

T恤的種類豐富不僅顏色繁多，有的還織入金蔥線，3900日圓〜

鹽煮魚雖然作法很簡單，卻可以突顯出食材的美味令人回味無窮。

在島上優雅地度假
浸淫在大自然裡的西表島度假村

西表島上分布著很有品味的度假村，
特色在於可以在大自然的懷抱中享受假期，
一面側耳傾聽著大海及森林的低語聲，一面享受優雅的片刻時光。

1 四周都是亞熱帶雨林的療癒空間
2 搭乘徜徉在叢林裡的遊覽船，享受愉悅的假期
3 大廳裡紅樹林葉的天花板令人印象深刻
4 客房包括和洋室在內共有3種（照片為標準房型）

棲息著西表山貓的自然派叢林飯店
Iriomotejima-Jungle hotel Painumaya
西表島ジャングルホテル パイヌマヤ

在360度亞熱帶雨林包圍下的自然派飯店，裡面是以由西表石垣國家公園的大自然孕育出來的稀有動物們為主角的異世界，可以在充滿負離子的空間裡，讓身心煥然一新。熱愛戶外活動的人可以從裡頭叢林遊客小屋的「冒險樂園（パイヌマヤアドベンチャーパーク）」展開冒險之旅。

☎0980-85-5700
⏰竹富町高那243 ¥雙床房附早餐8100日圓～ ⏰IN
14:00 OUT 11:00 客室28間（全室禁煙） P有 ‼上原港車程25分、大原港車程30分（大原港有接送服務） MAP99 B-1

這裡最迷人

「冒險樂園」裡可以享受到西表島的海、山、河等多彩多姿的自然體驗活動。

由飯店專屬的知名導遊帶隊

林立著大型度假村的舒適環境與無微不至的細
心服務，再加上令人賓至如歸的氣氛，就是島
上度假村的迷人之處了。不妨下榻在自己喜歡
的旅館裡，自由自在地享受島嶼假期。

在私房感覺的度假村裡讓身體和心靈都煥然一新
VILLA UNARIZAKI
ヴィラうなりざき

由八重山首屈一指的潛水用品店打造而成的私房
度假村，座落在西表島的西端，色彩繽紛的魚兒
們就在面前的私人海灘裡嬉戲悠游。整理狀況極
佳的草皮和掛在蓮葉桐樹上的吊床等，有著讓人
悠閒休憩的極佳環境。

☎0980-85-6146
🏠竹富町上原133 ¥雙床房附早餐9720日圓～
🕐IN 14:00 OUT 10:00 客室T12室 P有
‼️上原港車程10分(提供上原港接送)
MAP99 A-3 ※1～2月會放寒假

這裡最迷人

位在日照非常充足的庭院裡花園泳池令人感動萬
分，把身體浸在泡泡浴裡，一面聆聽海浪聲，身心
都可以得到徹底的撫慰。

1 花園泳池可以看到對岸的月濱
2 所有的客房都是雙床房，使用直接從印尼進口的建材及家具，充滿南國風情
3 院子裡饒富巧思地設置著長板凳和吊床
4 在海浪聲的背景音樂下享用庭院烤肉

可以感受到大自然氣息，充滿流行感的旅館
Tin Nu Karla
ティンヌカーラ

三角屋頂的門廊讓這家旅館充滿了個性。有3種
客房，分別是鋪滿清涼椰子地毯的雙床房、天篷
床的雙人房、賞景氣泡浴缸的高級雙床房。晚上
則是可以在餐廳品嘗運用西表島的食材製作的創
意美食。

☎0980-85-6017
🏠竹富町上原10-647 ¥雙床房附早餐9000日圓～
🕐IN 15:00 OUT 10:00 客室T2間 W1間 P有 ‼️上原港
車程10分(提供接送) MAP99 A-3

這裡最迷人

夜晚浸泡在露台上的浴缸裡，仰望銀河（Tin Nu
Karla）似乎會讓人想起一生的遭遇。在餐廳享用
的餐點也是人間美味。

1 三角屋頂的門廊彷彿正在吸引人走向大海 2 每間客房裡都附有稱為露台浴池的氣泡
浴缸 3 塗上珊瑚灰泥的牆壁和椰子壁毯讓雙床房裡洋溢著南國氣氛 4 餐廳「琉球酒
菜くくるくみ」的菜單充滿鄉土色彩

可以在西表島的度假村裡享受沉浸在大自然的假期。

與那國島在日本最西端
神祕和夕陽令人留連忘返

與那國島距離台灣只有111公里,是日本最西端的島。
有謎樣的海底遺跡和不可思議的奇岩、日本最晚下沉的夕陽等等,
到處都是浪漫得不得了的風景名勝。

抵達機場之後…

只要在預約的時候告知自己抵達的時間,幾乎所有旅館或租車公司都會到機場迎接。因為島上的計程車很少,所以記得一定要預約。機場前的馬路雖然有巴士總站,但是因為班次很少,所以稱不上實用。

抵達以後請索取觀光手冊等旅行的情報

抵達港口之後…

渡輪會抵達位於與那國島西側的久部良港,事先預約的旅館或租車公司都會派人開接送車輛在港口待命。如果要搭乘計程車,請一定要事先預約。巴士會從久部良郵局前發車,但是班次很少。

久部良很靠近夕陽的勝地一西崎

前往離島的交通
石垣島→與那國島

● 飛機

需時	價格(單程)	班次
約35分	12700日圓	1天3班

● 船

需時	價格(單程)	班次
約4小時	3550日圓	1週2班

RAC(琉球琉球空中通勤)
·················· ☎0570-025-071
福山海運(渡輪)… ☎0980-82-4962

島上的交通工具
(價格僅供參考)

● 巴士
　免費
● 出租摩托車
　半天2000日圓~、1天3000日圓~
● 出租汽車
　3小時3000日圓~、1天5000日圓~

有用的電話簿

● 觀光綜合服務
　與那國町總務財政課…☎0980-87-2241
　與那國町觀光協會…☎0980-87-2402
● 路線巴士・計程車
　最西端觀光 ·········☎0980-87-2441
● 出租汽車・摩托車・自行車
　最西端觀光 ·········☎0980-87-2441
　與那國本田 ········☎0980-87-2376
　もすらのたまご ···☎0980-87-2112

※以上詢問處基本上使用的語言是日文,請注意。

首先前往探訪神祕的風景名勝

簡直就像是海底宮殿般的神祕景點

海底遺跡
かいていいせき　　　　　　　　　　　MAP 109 C

海底遺跡是古代的宮殿遺跡,非常受矚目的必看景點。只要搭乘海底觀光船,任何人都可以觀察遺跡。由久部良港出發。

サーウェスヨナグニ 海底遺跡之旅
サーウェスヨナグニかいていいせきクルーズ
觀光船 ☎0980-87-2311
个与那国町与那国59-6(Hotel Irifune內) 預約制(9:00、12:00出航) 無休 ¥6000日圓 P有
與那國機場車程10分 MAP 109 B

搭乘海底遺跡觀光船「ジャックスドルフィン號」出發(天氣不佳時停駛)

黃昏的時候就來這裡

觀看日本最後沉沒的夕陽

西崎
いりざき

位於與那國島的西端,同時也是日本的最西端。燈塔旁邊有日本最西端之碑,從展望台上可以欣賞到日本最晚沉入水平線的夕陽。

風景區 ☎0980-87-2241(與那國町總務財政課)
个与那国町与那国 P有 與那國機場車程15分 MAP 109 A

海底遺跡是很有名的潛水勝地，雖然周圍的潮水比較湍急，比較適合高級的潛水玩家，但是近在眼前那片不可思議的風景極為壯觀。

🚗 **約1小時**
（周圍27.5km）

與那國島 環島計劃圖

- P.108 サーウェスヨナグニ海底遺跡之旅
- P.133 Hotel Irifune 🏨
- P.133 Alland HOTEL YONAGUNI 🏨
- P.109 崎元酒造所
- 與那國町
- 馬鼻崎
- 福山海運
- 與那國機場 ✈
- 島鴫理海灣 🅡
- 久部良漁港
- 久部良
- 久部良局前
- 與那國島
- P.108 西崎
- 日本最西端之碑
- 診療所前
- 祖納
- 🏨 民宿さきはら荘
- ⑤ one mahina
- 🔺 パネス
- ⑤ 雜貨さくら P.109
- 🔺 国泉泡盛（どなん）P.109
- 宇良部岳
- 立神岩 P.109
- P.109 わかなそば 🅡
- 比川
- 『五島醫生診療所』外景地 P.109
- 海底遺跡 P.108

與那國島
周邊圖 ◯P.81
上方為北方
1:100,000
0　　1km
東崎

『五島醫生診療所』外景地

這裡別錯過了！

ドクターコトーしんりょうじょセット

知名電視連續劇『五島醫生診療所』就是在與那國島拍攝的，位於比川濱的診療所對外開放，可以參觀原封不動保存下來的攝影布景。

🔳建築物宛如真正的診療所，令人大開眼界 🔳內部其實也很寫實

觀光景點 ☎0980-87-2241（與那國町總務財政課）🏠与那國町比川浜 ⏰10:00～17:30 🈚無休 💴參觀費300日圓 🍴與那國機場車程15分 MAP 109 B

立神岩
たちがみいわ 📷

☎0980-87-2241（與那國町總務財政課）
🏠与那國町与那国 🅿有 🍴與那國機場車程20分
MAP 109 C

散發著古代浪漫氣息的島上奇岩名勝

從鈷藍色的海中朝著天空矗立十分神聖的立神岩，是這座神聖之島的地標。

被島上的人稱之為「神之岩」的立神岩

注意這裡！

要不要來點島上特產的「花酒」？

酒精濃度60%的酒稱為「花酒」，特色在於強烈的刺激和圓潤溫和的餘韻。也可以參觀酒廠。

參觀釀酒廠的洽詢專線
崎元酒造所 ☎0980-87-2417
国泉泡盛（どなん）☎0980-87-2315

以下是與那國島美食&伴手禮的據點

わかなそば 🏆

☎0980-87-3338 🏠与那國町与那国3083
⏰11:00～14:00（賣完即打烊）🈡週二、中元
🅿有 🍴與那國機場車程15分
MAP 109 B

比川聚落裡唯一的麵店

略甜的豬骨湯頭與使用自營牧場豬肉的麵店專業風味，菜單只有麵一種。

豬骨風味的麵（中）700日圓

雜貨さくら 👜
ざっかさくら

☎090-6858-9239 🏠与那国町与那国397
⏰13:00～日落 🈡不定休 🅿有 🍴與那國機場車程10分 MAP 109 B

充滿與那國的手工藝品

與那國花織的小東西、使用大量的島上材料製成的手工皂、草木染T恤等等，陳列著充滿與那國風味的手工藝品。

加了鹽的御守，泰迪熊「くまおくん」2300日圓～

波間照島是日本最南端的有人島
抬頭就是日本最南端的夜空

波間照島的島名據說是從「盡頭的珊瑚」來的。
顧名思義,在珊瑚礁的包圍下,海洋美得令人屏息。
也是很有名的「星之島」,可以看到許許多多的星座。

島上的交通工具
(價格僅供參考)

- 出租自行車
  1天1000日圓
- 出租摩托車
  4小時2000日圓~、1天3000日圓
- 出租汽車
  3小時4000日圓~、1天7000日圓~

抵達機場之後…

只要在預約時告知自己抵達的時間,旅館就會派人來迎接。如果要租自行車或摩托車的人,不妨直接開口問在港口待命的商店工作人員。也有前往聚落和日本最南端之碑的迷你小巴士。

波照間航線的海相較不穩定,比較容易暈船

前往離島的交通
石垣島↔波照間島

● 高速船

需時	價格(單程)	班次
1小時~ 1小時10分	3090日圓	1天 3班

P.82

有用的電話簿

- 觀光綜合服務
  竹富町商工觀光課… ☎0980-82-6191
  竹富町觀光協會 … ☎0980-82-5445
- 出租汽車‧摩托車‧自行車
  うるわしレンタカー
  …… ☎0980-85-8438(民宿みのる莊)
  レンタルクマノミ(摩托車、自行車)
  …………………… ☎090-8290-2823

白天前往欣賞大海美景

海灘的景色美到讓人忍不住嘆息

西濱海灘
ニシはまビーチ

位於港口西側,美麗的程度堪稱八重山數一數二的海灘。雪白的細沙海灘和湛藍的海水形成絕美的對比,即使看上一整天也不會膩。附有洗手間、淋浴室。

海灘 ☎0980-82-5445
(竹富町觀光協會)
竹富町波照間 P有 波照間港自行車10分 MAP 111 A

北緯24度2分、東經123度47分的日本最南端

日本最南端之碑
にほんさいなんたんのひ

矗立在高那海岸上,標示出日本最南端的石碑。附近還有為了記念復歸日本本土所建造的「蛇道」、為紀念戰後50週年所建造的「日本最南端和平之碑」。

風景區 ☎0980-82-5445(竹富町觀光協會) 竹富町波照間 P有 波照間港自行車30分 MAP 111 C

夜裡眺望滿天繁星

白天是罕為人知的展望景點

星空觀測塔
ほしぞらかんそくタワー

在波照間島上可以看到88個星座中的84個星座。星空觀測塔也會舉辦使用大型望遠鏡或天象儀進行的夜間觀測會。白天可以參觀設施,還可以獲頒「日本最南端證書」(500日圓)。

觀光景點 ☎0980-85-8112
竹富町波照間3905-1 ⏰10:00~12:00、13:00~17:00、20:00~22:00
(11~3月的夜間為19:00~21:00)
週一、中元 ¥400日圓 P有 波照間港自行車30分 MAP 111 C

波照間島 整個繞上一圈

🚗 **約1小時**
（周圍14.8km）

還有時間體力也夠時，可以騎自行車環島。只不過，一旦離開聚落，就幾乎沒有樹蔭，在夏天的大太陽底下騎自行車非常吃力。建議最好租摩托車。

波照間島

上方為北方

周邊圖 ◯P.81

0　　　　　600m
1:80,000

A　　　　　**B**　　　　　**C**

波照間漁港

P.111 みんぴか ◯
P.111 モンパの木 ⑤
P.133 ペンション最南端
P.110 西濱海灘 ⓗ

（石垣〜波照間）
安榮觀光

下田原城跡

波照間旅客碼頭
民宿まん␣
名石

波照間港

波照間中

竹富町

ひまわりカフェ P.111 ◯
仲底商店shop+café P.111 ⑤
星空莊 P.133 ⑤
・波照間島燈塔

地球環境監測台

波照間電波監測站

ヌービ崎

南浜

毛崎

貯水池

長田御嶽

波照間島

前

高那崎

ベムチ浜

日本最南端之碑
P.110

星空觀測塔 P.110

波照間島／環島計劃

7月間的夜間觀測會時，銀河就會出現在頭頂（照片提供：入江中）

取得有日期的「日本最南端證書」（500日圓）

以下是波照間島的美食據點

ひまわりカフェ 🍵

☎0980-85-8214 🏠竹富町波照間5227
🕐7:30～9:30、11:30～15:00 🅟週四、日 🅿有
🚶波照間港自行車20分 MAP 111 B

在古老民宅悠閒地享用美食

9時30分以前是早餐時間。午餐時間則可以享用到滿滿都是蔬菜的炒什錦定食等菜色。也可以當成咖啡廳來利用。

苦瓜炒什錦定食750日圓

みんぴか 🍵

🏠竹富町波照間465 🕐11:00～13:00、14:30～16:30（有季節性變動）🅟週四 🅿有
🚶波照間港自行車10分 MAP 111 B

視野很遼闊的高台上刨冰咖啡廳

有波照間產黑糖加黃豆粉的黑蜜特製刨冰等等，種類琳瑯滿目的刨冰足以讓暑氣全消。可以在開放式露天座位區舒服地享用。

波照間藍色刨冰400日圓

以下是波照間島的伴手禮據點

仲底商店shop+café 👜
なかそこしょうてんショップアンドカフェ

🏠竹富町波照間85
🕐10:00～12:00、15:00～18:00 🅟不定休
🅿有 🚶波照間港自行車15分 MAP 111 B

堅持八重山風味的精品店

店裡擺滿在八重山製作的首飾及小東西、服飾等精品，手工製作的冰淇淋也很受歡迎。

附設立食的咖啡廳

モンパの木 👜
モンパのき

☎0980-85-8354 🏠竹富町波照間464-1
🕐11:00～13:00、15:00～17:00 🅟無休 🅿有
🚶波照間港自行車10分 MAP 111 B

任何人都會想要繞過去看看的知名小店

以波照間島為設計主題的T恤及頭巾是大家最熟悉的島上最南端伴手禮，13～15時為午休時間，請特別注意。

設計師T恤2500日圓

乘坐著古老的漁船，
今天也前往一成不變的海上。
即使有些彎腰駝背，
但捕魚的技術可是不會輸給年輕人的。
釣上一尾又一尾的魚，
回到老婆婆正在等待的港口……

拍攝地點：宮古島

112

宮古島

宮古島是沖繩首屈一指的水上活動渡假勝地。
環伺在珊瑚礁的海水透明得不可思議。
在位於宮古島北部日本最大規模珊瑚礁「八重干瀬」
可以享受潛水及浮潛的樂趣，
各式各樣的戶外活動也一應俱全。
租一輛車在島上盡情兜風，
在不期而遇的海灘上悠閒地嬉戲也很吸引人。
在島上的市中心還可以享受用餐及購物的樂趣喔。

數量多如天上繁星
宮古島附近的島嶼

「海水好乾淨！」聞名的宮古群島。有從主要島嶼宮古島開車可到的島，也有搭乘飛機或船前往的島。好好地逛上一圈，找找你最喜歡的蔚藍海水吧。

有用的電話簿

●飛機
RAC（琉球空中通勤）‧‧‧‧‧☎0570-025-071

●船
多良間海運‧‧‧‧‧‧‧‧‧‧‧‧☎0980-72-9209

※以上詢問處基本上使用的語言是日文，請注意。

在伊良部島、下地島看到清澈透明的海水令人感動

模仿候鳥「灰面鵟鷹」蓋的展望台也是觀光名勝

何謂宮古群島？

包括宮古島在內，一共有7座島嶼

宮古島是漂浮在沖繩本島的西南方大約300公里處的平坦島嶼。從本土經由那霸可以直接降落的機場、購物和飲食都非常方便的平良港也都在這裡。再加上周圍的池間島、來間島、大神島、伊良部島、下地島、及介於宮古島與石垣島之間的多良間島，就是所謂的宮古群島。特色在於每座島都是由珊瑚構成的島。

從飛機上往下看，宮古島的地形十分平坦

**伊良部島‧
下地島**
いらぶじま‧
しもじじま

宮古島地理小建議
**從宮古島
開車前往吧**
（宮古機場車程20分）

位在宮古島的西方，充滿大自然的島嶼，兩座島間有陸路互相連結。大海美麗得沒有話說，也有很多潛水的據點。即使是宮古島當天來回的兜風之旅，也可以玩得很開心。

門戶是宮古機場和平良港

機場有很多伴手禮店，港口靠近市中心，十分方便

宮古機場是具備了現代化設備的機場，雖然距離平良城稍遠，但是機場航廈裡還有商店街，可以愉快地度過候機的時間。平良港靠近市中心，有很多旅館和餐飲店，是交通很方便的地方。

設計成足以代表宮古之鳥「灰面鵟鷹」的宮古機場

圍繞島嶼四周的海美得難以形容

多良間八月舞是豪華絢爛的傳統慶典

多良間島
たらまじま

宮古島地理小建議
**宮古島以
從加住一晚的
方式出發吧。**
（宮古機場
飛機25分／平良港
渡輪2小時）

充滿未經人工破壞的大自然，島上流淌著靜謐的空氣，以豪華絢爛的傳統慶典「八月舞」聞名。由於飛機、船的班次不是很多，所以不妨以住一晚的打算前往。

開往伊良部島及多良間島的定期船會停靠平良港

co-Trip提醒你

伴手禮店都集中在機場航廈2樓，從食材到日常用品的宮古伴手禮琳瑯滿目、一應俱全。即使在島上玩得太開心，忘了買伴手禮的人，也可以在回程時在這裡購買，請不用擔心。

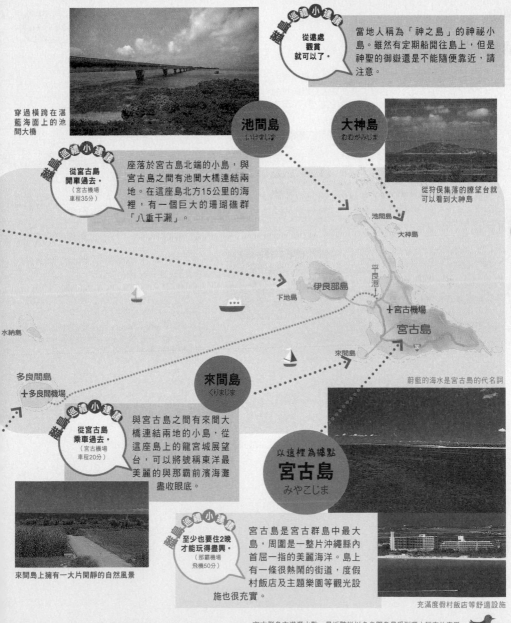

離島巡禮小建議
從遠處
觀賞
就可以了。

當地人稱為「神之島」的神祕小島。雖然有定期船開往島上，但是神聖的御嶽還是不能隨便靠近，請注意。

穿過橫跨在湛藍海面上的池間大橋

離島巡禮小建議
從宮古島
開車過去。
（宮古機場
車程35分）

座落於宮古島北端的小島，與宮古島之間有池間大橋連結兩地。在這座島北方15公里的海裡，有一個巨大的珊瑚礁群「八重干瀨」。

池間島
いけまじま

大神島
おおがみじま

從狩俣聚落的瞭望台就可以看到大神島

池間島

大神島

平良港

伊良部島

下地島

＋宮古機場

宮古島

來間島

水納島

多良間島
＋多良間機場

蔚藍的海水是宮古島的代名詞

來間島
くりまじま

離島巡禮小建議
從宮古島
乘車過去。
（宮古機場
車程20分）

與宮古島之間有來間大橋連結兩地的小島，從這座島上的龍宮城展望台，可以將號稱東洋最美麗的與那霸前濱海灘盡收眼底。

以這裡為據點
宮古島
みやこじま

離島巡禮小建議
至少也要住2晚
才能玩得盡興。
（那霸機場
飛機50分）

宮古島是宮古群島中最大島，周圍是一整片沖繩縣內首屈一指的美麗海洋。島上有一條很熱鬧的街道，度假村飯店及主題樂園等觀光設施也很充實。

來間島上擁有一大片閒靜的自然風景

充滿度假村飯店等舒適設施

宮古群島充滿潛水點，最近聽說以多良間島最受到潛水玩家的喜愛。

115

抵達宮古島之後…

擬訂縝密計劃的行程、隨心所欲走到哪到哪的行程……
即使旅行的方式千奇百怪，還是要避免浪費時間。
將宮古島作為快樂島嶼旅行的轉運站，不妨事先確認好應該要注意的事。

●租一輛車吧。

為了展開一趟無拘無束的環島旅行，首先要租好車子。只要事先預約，大部分的租車公司都會前往機場或港口迎接。

旅遊旺季一定要事先把車子租好

●考慮好時間的分配吧。

出發前當然不用說，到達島上後，也要逐一確認前往想去景點的移動時間和水上活動所需的時間再行動。

從幾個小時到整整一天，玩法琳瑯滿目，不一而足

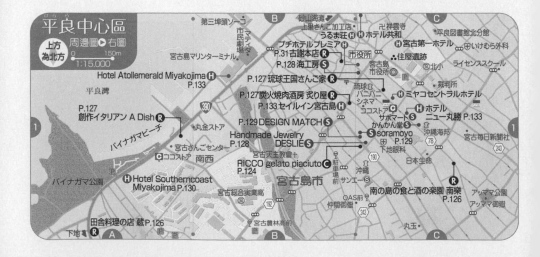

平良中心區
上方為北方
周邊圖▶右圖
0 150m
1:15.000

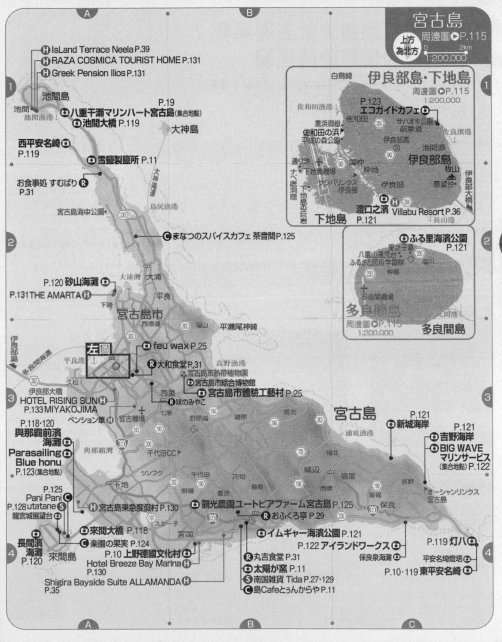

宮古島
周邊圖 ▶P.115

上方 為北方

0   2km
1:200,000

H IsLand Terrace Neela P.39
H RAZA COSMICA TOURIST HOME P.131
H Greek Pension Ilios P.131

伊良部島・下地島
周邊圖 ▶P.115
1:200,000

池間島

白鳥崎

佐和田漁港

P.123
C エコガイドカフェ
黒浜御嶽
佐和田の浜
平成の森公園
佐和田
佐良濱港
サハオキ公園
前里添
佐良濱港

池間
池間漁港

H 八重干瀬マリンハート宮古島(集合地點) P.19
H 池間大橋 P.119

大神島

伊良部高
伊良部添
池間添

伊良部島

牧山
展望台

西平安名崎 **H**
P.119

H 雪鹽製鹽所 P.11

大神島

島尻漁港

通り池
下地島機場
ナベ底洞窟
サンパリンクス
伊良部
下地島の巨岩

仲地
国仲

伊良部
伊良部大橋

展望台

お食事処 すむばり **R**
P.31

宮古島海中公園

H 渡口之濱
P.121

H Villabu Resort P.36
↓長山港

下地島

H まなつのスパイスカフェ 茶音間 P.125

C ふる里海濱公園 P.121

八重山遠見台
ふるさと民俗学習館

里之子嶽

塩川

P.120 砂山海灘
大浦灣 大浦

P.131 THE AMARTA **H**

下崎

平良

仲筋

宮古島市

西添溝

平瀬尾神崎

多良間機場

多良間島
周邊圖 ▶P.115
1:200,000

多良間島

C feu wax P.25

R 大和食堂 P.31

高野漁港

左圖

平良港

久松

宮古島市熱帶植物園
C 宮古島市綜合博物館
R 宮古島市體驗工藝村 P.25

宮古島

西里
R 味のみやこ

伊良部島

伊良部大橋

H HOTEL RISING SUN
P.133 MIYAKOJIMA

ペンション華

宮古機場

七原

野原越

P.121
C 新城海岸
P.121
C 吉野海岸
C BIG WAVE
マリンサービス
(集合地點) P.122

P.118・120
與那霸前濱
海灘 **H**
Parasailing Blue honu
P.123 (集合地點)

與那霸灣

千代田CC

ツンフグ

千代田

下地

城辺

浦底漁港

長北

增原

福北

福里

皆愛

西東

保良

吉野

オーシャンリンクス
宮古島

P.125
Pani Pani **C**
P.128 utatane **S**
龍宮城展望台

H 宮古島東急度假村 P.130

C 觀光農園ユートピアファーム宮古島 P.125

R おふくろ亭 P.29

保良泉海灘

P.119 灯八
C

長間濱
海灘 **H**
P.120 來間島

C 楽園の果実 P.124

C 來間大橋 P.118

P.10 上野德國文化村 **C**
Hotel Breeze Bay Marina **H**
P.130

Shigira Bayside Suite ALLAMANDA **H**
P.35

C イムギャー海濱公園 P.121

P.122 アイランドワークス **C**

R 丸吉食堂 P.31

C 太陽が窯 P.11

S 南国雑貨 Tida P.27・129

C 島Cafeとぅんからや P.11

平安名埼燈塔

P.10・119 東平安名崎 **C**

宮古島／抵達宮古島之後

要不要抵達當天就去兜風呢？
宮古島的景觀勝地巡禮

從日本本土搭乘早上的飛機前往宮古島的話，中午就會到達。
直接衝向大海固然很不賴，不過悠閒自在地開車兜風，
繞遍宮古島的景觀勝地也是個不錯的選擇。

與那霸前濱海灘

‖海灘‖よなはまえはまビーチ

擁有號稱是東洋最美麗的海灘，白沙的海岸無止無境地向前延伸。顏色十分鮮艷又不深的蔚藍海洋，完全是跟夢想中一模一樣的南國風景。

☎0980-73-2690（宮古島市觀光商工局）🏠宮古島市下地与那霸 P有 ‼宮古機場車程15分 MAP 117 A-4 🗺P.120

在沖繩也算是首屈一指的美麗海灘

可以享受多彩多姿的海水浴

來間大橋是沖繩縣第二長的橋

來間大橋

‖橋‖くりまおおはし

從宮古島通往來間島，全長1690公尺的大橋。從橋上可以將閃閃發亮的美麗海洋及珊瑚礁盡收眼底。

☎0980-73-2690（宮古島市觀光商工課）🏠宮古島市下地与那霸～來間島 P無 ‼宮古機場車程20分 MAP 117 A-4

Start
（宮古島半日兜風的標準路線）

從宮古機場出發	往與那霸前濱海灘	往來間島

約8km 15分 → 約4km 7分 →

在機場或是機場附近的租車公司租好車，開始兜風旅行。

首先前往與那霸前濱海灘，親身感受那南國的美麗海洋風景。

跨越來間大橋，前往來間島。一定要欣賞從龍宮城展望台看出去的景色。

在宮古島的馬路上，到處都豎立著保護交通安全的「宮古島まもる君」，一旦看到的時候就要檢查一下速度喔！

稍微離開幹線道路，或許就可以看到只有島上的人才會知道的「私房海灘」。如果還有時間，不妨前往探險一下。

宮古島最有名的風景名勝，可以欣賞到廣大的海天絕景

東平安名崎

‖岬角‖ひがしへんなざき

☎0980-76-6507（宮古島市都市計劃課）⚲宮古島市城辺保良
🅿有 ‼宮古機場車程40分
MAP 117 C-4

位於宮古島的最東端，突出於碧藍大海上的岬角。從位於前端的平安名崎燈塔可以欣賞到180度以上的大廣角風景。

池間大橋

‖橋‖いけまおおはし

一直線地連結宮古島與池間島，全長1425公尺的橋。開車奔馳在燦爛的藍色海面上的感覺再痛快也不過了。
☎0980-73-2690（宮古島市觀光商工局）⚲宮古島市平良狩俣～池間島 🅿有 ‼宮古機場車程35分
MAP 117 A-1

橋的左右兩邊無限延伸的海景十分迷闊

西平安名崎

‖岬角‖にしへんなざき

位於宮古島最北端的風景名勝，可以從岬角上的展望台看到池間大橋及池間島、伊良部・下地島，也是很有名的夕陽景點。

☎0980-73-2690（宮古島市觀光商工局）⚲宮古島市平良狩俣
🅿有 ‼ 宮古機場車程35分
MAP 117 A-1

從展望台看出去的風景美不勝收

宮古島／兜風路線

GOAL

往東平安名崎

8km
分

沿著海岸線的縣道前進，前往東平安名崎。可以欣賞到途中出現的海天絕景。

在東平安名崎體驗人力車
有提供從東平安名崎停車場到燈塔，去回約1公里，由人力車導覽參觀的服務。

灯八 とうや

☎090-1561-1444
🕙10:00左右～17:00左右
🈺不定休 ¥人力車去回1人1000日圓 🚗東平安名崎停車場 MAP 117 C-4

約40km
45分

池間島へ

從池間大橋前往池間島。池間島上星羅棋布著小型度假村。

約5km
10分

往西平安名崎

夏天的日落為19:30～20:00左右。從西平安名崎展望台上可以欣賞到美麗的夕陽。

宮古島是一座平坦的島，充滿絕美的景點。朝著蔚藍晴空奔馳的兜風行程非常痛快。

清澈見底的大海誘惑著觀光客
宮古島特別推薦的海灘

前往宮古島旅行的時候絕對不能漏掉海水浴。
以下為大家介紹的是環繞著宮古群島，特別推薦的海灘。
無論在哪一個海灘，看到的時候就會想下水去游泳。

與那霸前濱海濱
よなはまえはまビーチ

宮古島最具有代表性的廣大海灘，潔白到令人感到刺眼的白沙、和閃爍著翠綠色光芒的海水簡直就像是烏托邦。

☞P.118

周邊有
許多度假飯店

充滿解放感的
廣大沙灘

可以享受各式各樣的水上活動

砂山海灘
すなやまビーチ

翻越形成高台的沙山，前面就是這座海灘，拱門狀的巨大奇岩令人印象深刻。非常細緻的白沙和美不勝收的海灘獨樹一格。

☎0980-73-2690(宮古島市觀光商工局) ⌂宮古島市平良荷川取705 ℗有
‼宮古機場車程20分 MAP 117 A-2

位在距離平良城比較近的地點

因為有巨大奇岩，是很
有名的風景名勝

粉末狀的白沙踩
上去很舒服

長間濱海灘
ながまはまビーチ

位於來間島，原始自然的安靜海灘。宛如私房海灘一般，靜悄悄地座落在人煙稀少的地點，可以享受不受任何人打擾的氣氛。

☎0980-73-2690(宮古島市觀光商工局) ⌂宮古島市下地來間 ℗無
‼宮古機場車程25分 MAP 117 A-4

來間島上唯一
可以游泳的海潮

被甘蔗田遮住的
地方，充滿了私
房的氣氛

相較之下人比較少，
可以不受任何人打擾地游泳

無論是哪一座海灘都建議體驗一下浮潛。不妨向潛水用品店租借用具，觀察漂亮的珊瑚和熱帶魚。

吉野海岸
よしのかいがん

在沙灘附近就有一大片珊瑚礁的海灘。可以輕易地觀察到五顏六色的珊瑚和熱帶魚。

☎0980-73-2690（宮古島市觀光商工局）🏠宮古島市城辺吉野
ℙ有（1天500日圓，含設備使用費）
🚗宮古機場車程30分
MAP 117 C-4

宮古島數一數二的風景名勝，離東平安名崎很近

宮古島很有名的浮潛地點

熱帶魚種類和數量都很豐富的珊瑚礁

距離東平安名崎、吉野海岸很近

可以享受浮潛的樂趣

人比較少可以悠閒自在地獨享海灘

新城海岸
あらぐすくかいがん

相對於廣闊的面積，人顯得較少，是內行人才知道的海灘，可以欣賞到自然原始的美麗海岸風景。

☎0980-73-2690（宮古島市觀光商工局）🏠宮古島市城辺新城 ℙ有 🚗宮古機場車程35分 MAP 117 C-3

從展望台看出去的景色美不勝收

平靜安穩的海灘就在眼前

可以享受浮潛之樂的原點

イムギャー海濱公園

整理成像是美麗庭園式盆景般海濱公園（イムギャ海濱公園）內的海灘。

☎0980-73-2690（宮古島市觀光商工局）🏠宮古島市城辺友利605-2 ℙ有
🚗宮古機場車程20分
MAP 117 B-4

不妨多走幾步，還有更燦爛的海洋！

伊良部島 ## 渡口之濱
とぐちのはま

伊良部島的海灘，可以一面欣賞遼闊的水平線，一面悠閒自在地游泳。

☎0980-78-6250（宮古島市伊良部支所地域づくり課）🏠宮古島市伊良部伊良部1392-2 ℙ有
🚗宮古機場車程35分
MAP 117 C-2

多良間島 ## ふる里海濱公園
ふるさとかいひんこうえん

多良間島的海灘，美得讓人說不出話來。

☎0980-79-2260（多良間村觀光振興課）🏠多良間村仲筋 ℙ有
🚗多良間機場車程10分
MAP 117 C-2

與那霸前濱海灘具有琳瑯滿目的水上活動，任君挑選。如果只能去一個地方，不妨選擇這裡。

在沖繩首屈一指的美麗海洋
享受水上活動吧♪

宮古島的海洋可說是沖繩首屈一指的美麗，
可以享受到多彩多姿的水上活動，
不妨挑戰一下即使是初學者也可以輕鬆享受的水上活動吧。

在海灘附近享受
令人感動的浮潛

只要戴上蛙鏡及呼吸管、蛙鞋，在水面鴨子划水似地游泳，色彩繽紛的珊瑚和熱帶魚就近在眼前。只要弄清楚基本要訣，任何人都可以跳進吉野海岸清澈透明的海水中，享受浮潛的樂趣。

教練會進行浮潛的基本知識教學

宛如在海中散步似地前進，可以看到魚及珊瑚

BIG WAVE マリンサービス

ビッグウェーブマリンサービス

☎0980-74-6500
⌂宮古島市城辺保良
🕐預約制(報名8:00～20:00)
㊡不定休 🅿吉野海岸停車場
(1天500日圓) 🚌宮古機場車程30分(集合地點)
ᴍᴀᴘ117 C-4

吉野海岸 美麗浮潛行程	
費用	4500日圓(含各用具租借費、保險費)※潛水衣要另外付錢
需時	3小時
預約	一天前以電話或電子郵件

也可以回到海岸上享受撿貝殼的樂趣

乘坐海上獨木舟
前往無人海灘！

從東平安名崎附近的保良泉海灘前往無人海灘的海上獨木舟之旅會穿過岩石區，探訪神祕的洞窟，十分驚險刺激，可以充分地享受到冒險的感覺。

出發前要先學會使用船槳及獨木舟

划著海上獨木舟乘風破浪，前往無人島

アイランドワークス

☎0980-77-7577
⌂宮古島市城辺保良1139-1
🕐出發9:00(視潮位變動)
報名8:00～20:00
㊡無休
🅿有
🚌宮古機場車程30分
ᴍᴀᴘ117 C-4

冒險獨木舟	
費用	10580日圓(含用具租借費、保險費、午餐)
需時	5小時40分
預約	需一天之前

也會參觀開口在海面上的神祕鐘乳洞

第一次嘗試浮潛的人，要先接受教練的指導，學會工具的使用方法。請務必要穿上救生衣。

一口氣飄上天空，可以欣賞到宮古島的美麗海景

玩飛行傘
從空中俯瞰海面

玩飛行傘可以從高空俯瞰南國的美麗景色。化身小小鳥將遙遠的地平線和宮古島的平坦地形一覽無遺的絕景水上活動。

Parasailing Blue honu

パラセーリングブルーホヌ

☎090-9789-5776
⌂宮古島市下地与那覇1199（集合場所）⏰預約制（9:45、11:00、12:30、13:45、15:00、16:15等1天6次飛行）⊠不定休 Ｐ有
‼宮古機場車程20分（集合地點）MAP 117 A-4

請慎重地把重心放在坐的地方

飛行傘	
費用／單人飛行（1人）8000日圓、雙人飛行（2人）12000日圓（含保險費、乘船費）	
需時／1小時	
預約／要	

還可以看見海龜的身影！

在神祕的藍色洞窟裡
體驗潛水

搭船前往珊瑚礁，在2個定點浮潛。午餐後再移動到「藍色洞窟」，可以體驗潛水（一對一教學）及浮潛之樂的行程。盡情地徜徉在海裡的絕美景色中。

在美麗的珊瑚礁內側和外側浮潛

在被藍色光芒包圍的洞窟裡體驗水肺潛水

エコガイドカフェ

☎0980-75-6050
⌂宮古島市伊良部前里添165
⏰預約制（報名9:00～19:00）
⊠不定休 Ｐ有
‼宮古機場車程15分
MAP 117 C-1

頂級汽艇浮潛之旅	
3定點＋體驗潛水	
費用／17400日圓（含器材租借費用、導遊、飲料、拍照服務、乘船費、保險費）	
需時／4小時	
預約／一天前以電話或電子郵件	

會有很多魚在神祕的洞窟裡游泳

海上的紫外線非常強烈，最好頻繁地塗抹防曬油。

宮古島／水上活動

在宮古度過甜蜜蜜的時光
如果想吃到超好吃的甜點請來這裡

宮古島上原本就有許多漂亮又好吃的甜點咖啡廳，
尤其是夏天，芒果、椰子、百香果等等，
可以盡情地享用平常不易吃到的當季南國水果甜點。

在來間島品嘗奢侈的甜點
楽園の果実
らくえんのかじつ

可以品嘗到使用大量產自來間島及宮古島的水果製成的甜點。當季的芒果（6月下旬～9月下旬）豪氣地堆得尖尖得，不吃就可惜了！也千萬不要錯過火龍果或島上的香蕉等期間限定的甜點。

咖啡廳 ☎0980-76-2991
🏠宮古島市下地來間259-2
🕘11:00～18:30（11～2月～17:40）休不定休 P有
‼宮古機場車程20分
MAP 117 A-4

店面就在來間島的龍宮城展望台旁邊

❶把甜度降低，十分多汁的火龍果聖代1600日圓
❷直接使用新鮮果肉的芒果聖代2100日圓

也有豐富的伴手禮！
店內還附設伴手禮商店，使用一整顆完熟芒果的芒果果醬735日圓、果凍162日圓等等都很受歡迎。

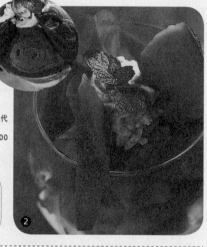

義大利原汁原味的道地甜點咖啡廳
RICCO gelato piaciuto
リッコジェラートピアチュート

使用宮古島牛隻的生乳和島上的當令食材及罕見的食材，每天在店內手工製造的義式冰淇淋，都不使用色素不加香料。芒果的義式冰淇淋加上白蘭姆酒做的調酒冰淇淋也是風味極佳。店內是輕鬆休閒的咖啡廳風格，也提供餐點和甜點。

咖啡廳 ☎0980-73-8513
🏠宮古島市平良下里550
🕘11:30～22:00 休週二
P無 ‼宮古機場車程15分
MAP 116 C-1

下里通上的店裡擁有十分寬敞的咖啡廳空間

❶芒果和白蘭姆酒的花式調酒冰淇淋700日圓
❷以清淡爽口又帶著濃醇香的牛奶為基底，牛奶＋金楚糕＋芒果（右）450日圓、紅豆牛奶（左）400日圓

使用當地材料的冰淇淋風評佳
以適合午餐的義大利麵，和很合葡萄酒的單點菜色（晚餐）等都十分受歡迎。運用牛奶本身甘甜的溫和風味博得了眾多人們的青睞。

甜點雖然不能外帶，但是水果及其加工品最適合當伴手禮。由於宮古島上到處都有水果店和伴手禮店，所以不妨找看看。

滿滿南國情調的開放式咖啡廳
Pani Pani
バニバニ

在熱帶植物茂密、鋪滿了白沙，滿是南國情調的開放空間露台上，涼風吹拂中令人神清氣爽。大量使用水果製成的多種色彩自製飲料最為聞名。

咖啡廳 ☎0980-76-2165 ⬆宮古島市下地來間105-1 ⏰10:00～18:00(因時期而異) 🈺不定休(12～3月中旬為冬季停業) Ⓟ有 ‼宮古機場車程20分 MAP117 A-4

越海而來的海風令人神清氣爽

❶火龍果的天然顏色極美的火龍果香蕉奶昔ドラゴンバナナシェイク550日圓
❷鮮豔的火龍果

南國色彩十足的位置
位於來間島的高地上，穿越店內的海風令人愉快。クリームソーダ（480日圓）等名稱也很出色。

千萬別錯過店家自製的甜點！
まなつのスパイスカフェ 茶音間
まなつのスパイスカフェちゃのま

可以在涼爽海風輕拂過的露台上小憩片刻的咖啡廳。香氣撲鼻的咖哩以及充分使用辛香料的茶、低甜度冰淇淋等等，口味較偏成熟風很受歡迎。

咖啡廳 ☎0980-72-5817 ⬆宮古島市平良狩俣4103-12 ⏰11:30～18:30(11～4月為～17:30) 🈺週三 Ⓟ有 ‼宮古機場車程20分 MAP117 A-2

露台座位區的風聲和鳥鳴令人威到撫慰

❶優格奶昔648日圓
❷芒果布丁432日圓

咖哩也很推薦！
使用大量的辛香料、香辣夠勁的咖哩也是比較成熟的風味。

可以品嘗到農園直送的熱帶水果
観光農園ユートピアファーム宮古島
かんこうのうえんユートピアファームみやこじま

可以漫步在九重葛花園及扶桑花花園、熱帶果樹園的熱帶農園。請一定要過去嘗用果樹園裡採收的芒果或香蕉製成的水果聖代。

果樹園 ☎0980-76-2949 ⬆宮古島市上野宮國1714-2 ⏰9:30～17:30(10～3月為～17:00) 🈺10月20日 💰入園費280日圓(只用冰果室免費) Ⓟ有 ‼宮古機場車程10分 MAP117 B-4

50種5000棵的九重葛爭奇鬥艷地怒放

❶裡頭還吃得到果肉的芒果霜淇淋430日圓是很受歡迎的商品
❷芒果是南方水果的女王

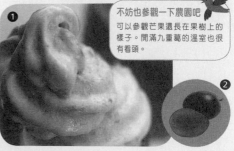

不妨也參觀一下農園吧
可以參觀芒果還長在果樹上的樣子。開滿九重葛的溫室也很有看頭。

7～8月是芒果最好吃的季節，不妨充分地品嘗用芒果製成的各種甜點。

んま～んま（好好吃喔）
在平良城吃晚飯

海葡萄加上宮古牛、蒸鰹魚肉……宮古島上
有著眾多獨特的食材。在個性十足的店家集中的平良城裡，
盡情享用鄉土料理和創作料理吧。

1南樂的招牌菜ねこまんま
（海鮮蓋飯）840日圓
2店內的氣氛充滿赤子之心

1宮古島特產的海葡萄蓋飯850日圓
2位於交流道路邊的旗幟是其記號

將食材美味發揮到淋漓盡致的鄉土美食
南の島の食と酒の楽園 南樂

みなみのしまのしょくとさけのらくえんなんらく

加入大量島上特產的曬乾的蒸鰹
魚肉下去拌炒的什錦、新鮮的鮪
魚配上海葡萄的海鮮蓋飯等等，
可以品嘗到將美味發揮到淋漓盡
致的島上美食。也有女生會喜歡
的甜點。

鄉土美食
☎0980-73-1855
宮古島市平良西里568
18:00～22:30 休不定休
P有 宮古機場車程15分
MAP 116 C-1

以健康養生為目標，無論是哪一道
菜，都不使用化學調味料。招牌菜
沖繩東坡肉和鹽烤豬腳500日圓等等
都可以嘗嘗看。
細火慢燉的沖繩東坡肉350日圓

這也很好吃！

享用當季食材的宮古島家常菜
田舎料理の店 蔵

いなかりょうりのみせくら

炒什錦的菜餚和沖繩東坡肉裡使用
了味噌，可以品嘗到島上的懷舊風
味。晚上充滿了使用大量當季食材
的菜色。交給老闆拿主意的宮古家
常菜席1人份2500日圓起（2人以
上起）。

鄉土美食
☎0980-73-4071
宮古島市平良久貝654-6
11:00～14:00、18:00～
22:00 休不定休 P有
宮古機場車程10分
MAP 116 A-1

這家店的特色是在各式各樣的菜餚中
都加入了宮古味噌。以定食及沖繩麵
為主的午餐菜單也很值得注目。

味噌炒絲瓜780日圓

這也很好吃！

宮古島上充滿琳瑯滿目的美食餐廳。特別是旅遊旺季的時候，會有大量人潮湧進熱門店。晚餐時間最好事先預約，以免撲空喔。

■5種島魚的綜合生魚片1544日圓
■位於西里通旁的人氣店

著名菜色到特調料理都有
琉球王国さんご家
りゅうきゅうおうこくさんごや

可以低價吃到炒什錦和塔可飯等著名菜色的居酒屋。使用當地食材的創作料理和甜點也種類多元。

[鄉土美食] ☎0980-75-3235
🏠宮古島市平良西里231 ⏰17:00～23:00
⛔週日 🅿無 🚶宮古機場車程15分
[MAP]116 C-1

特別推薦！

著名的炒什錦，使用的食材主要是水分少而味道濃郁的島豆腐。

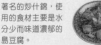
豆腐炒什錦386日圓

■頂級里肌肉（2500日圓）和肩胛骨內側肉（2350日圓）※價格會有所變動 ■也有吧台座位區，店內氣氛十分休閒

可以品嘗到知名宮古牛的烤肉店
炭火焼肉酒房 炙り屋
すみびやきにくしゅぼうあぶりや

切得厚厚的里肌肉和腹胸肉非常好吃。包括宮古牛在內，堅持採用和牛，會因進貨狀況而異，只把最好吃的部分列在菜單上。

[烤肉] ☎0980-73-1129 🏠宮古島市平良下里557 ゲンカビル4F ⏰17:00～23:00
⛔週三 🅿無 🚶宮古機場車程15分
[MAP]116 B-1

特別推薦！

石鍋拌飯及牛肉湯飯等副食菜單也很充實。別忘了確認今天推薦的菜色是什麼。

石鍋拌飯821日圓

■點菜率最高的窯烤窯坡里比薩、瑪格莉特比薩1350日圓
■距離平良港旁邊的パイナガマ海灘很近

用紅磚窯烘烤的道地比薩
創作イタリアン A Dish
そうさくイタリアンアディッシュ

一片一片烘烤而成的比薩種類也很豐富。除了有自製的煙燻烏尾冬仔及宮古牛的生火腿以外，也可以品嘗到運用當季食材入菜的佳餚。

[義大利餐廳] ☎0980-72-7114
🏠宮古島市平良下里215-3 ⏰18:00～23:00（週日為17:00～22:00）⛔週一 🅿無
🚶宮古機場車程15分
[MAP]116 A-1

這裡最迷人！

小酌宮古島的泡盛享受夜晚
島上的水是硬水，
泡盛原料黑麴菌容易發酵。
富含鈣質和礦物質。

因為有很多份量十足的店家，所以在點菜以前最好先問清楚每道菜的份量喔。

如果要選購宮古島伴手禮…
最好是購買首飾或小東西回去

享用美食固然不錯，但是既然要買的話，最好還是買可以長久使用，留在回憶裡的東西當伴手禮。
宮古島上從首飾到日常用品等等，既時髦又可愛的商品琳瑯滿目。

1 個性十足的手工製首飾

在宛如精品店般的店內慢慢地挑選

→皇后螺和桃色珊瑚、彩紋瑪瑙及黑蝶貝的項鍊22050日圓

←白枝珊瑚和紅珊瑚土耳其石項鍊（左）19000日圓～、土耳其石耳環（後）4500日圓～、皇后螺手環（右）12000日圓～

1 Handmade Jewelry DESLIE
ハンドメイドジュエリーデズリー

巧妙地將貝殼、珊瑚、天然石、銀、珠子等等串起來，製作成五顏六色的首飾，全都是純手工，只有一件而已。在宛如精品店般的店內尋找自己喜歡的商品。

首飾 ☎0980-73-4076
⌂宮古島市平良下里572 🕙10:30～19:00
（夏季～20:00）不定休 P無
🍴宮古機場車程15分 MAP 116 C-1

2 海工房
かいこうぼう

除了有各種手鍊及項鍊的首飾以外，店內也擺滿了木雕及銀製的原創首飾。用蜻蛉玉製作首飾的體驗也很受歡迎（1944日圓，需預約）。

首飾 ☎0980-73-0849
⌂宮古島市平良西里160 🕙11:00～20:00
不定休 P有 🍴宮古機場車程15分
MAP 116 C-1

3 utatane
ウタタネ

位於來間島上的自然派飾品店。店內陳列著使用夜光貝和鐘螺、鯨魚齒等手工製作的飾品。另外還有石頭做的耳環和流木的鑰匙圈等多種商品。

首飾 ☎0980-76-3725
⌂宮古島市下地來間105-9 🕙10:30～18:00
不定休 P有 🍴宮古機場車程20分
MAP 117 A-4

2 也能訂做獨一無二的首飾

↓以海上的極光為意象的Ocean glass7560日圓～

↑鯊魚牙項鍊1944日圓～、貝殼項鍊4320日圓～

3 感受到宮古大自然的個性豐富的各種品項

↑粉紅珊瑚&鏤空耳環3200日圓
←有著淡淡光澤的鐘螺項鍊8900日圓

4 使用多種色彩的皮革表現島上的自然

↓用牛皮做的魚形耳環3200日圓

→將小魚串起而成的魚隻托特包（小）9900日圓～

5 設計精緻又實用

↑釀酒廠的圍裙4200日圓
←描繪著驅逐惡靈或海葡萄等充滿宮古風味的圖案，非常可愛的宮古手帕各900日圓

---

4 soramoyo
ソラモヨウ

製作販售做成魚形狀或扶桑花形狀的包包和耳環等皮革小物。使用的耐水性材料，日常使用最適合，可以訂製皮的顏色和刺繡。卡包等有高人氣。

皮製雜貨 ☎0980-73-0120
⌂宮古島市平良下里572-3 1F西 ⏰11:00～19:00 ㊡不定休 Ⓟ無 ‼宮古機場車程15分
MAP116 C-1

5 DESIGN MATCH
デザインマッチ

以宮古島為設計主題的T恤和手帕最適合買回去做為宮古島伴手禮。有以帆布製作，釀酒廠的人所使用的圍裙和手提包等等，充滿既時髦又實用的小東西。

雜貨 ☎0980-79-0239
⌂宮古島市平良下里572-3東 ⏰10:00～19:00 ㊡不定休 Ⓟ無 ‼宮古機場車程15分
MAP116 C-1

南国雜貨 Tida
なんごくざっかティダ

宮古島的陶藝家——佐渡山安公先生的工房「太陽が窯」就在這家伴手禮店的腹地內。除了風獅爺和碗、盤等陶瓷器以外，首飾類等伴手禮也種類豐富，應有盡有。

雜貨 ☎0980-76-2674
⌂宮古島市上野新里1214 ⏰11:00～17:00
㊡週一 Ⓟ有 ‼宮古機場車程15分 MAP117
B-4 ✉P.27

6 在陶藝工房購買模樣可愛的陶製伴手禮

藍得非常漂亮的沖繩麵碗3000日圓（左）和飯碗2000日圓（右）

深藍色具有畫龍點睛效果的太陽が窯原創風獅爺8500日圓

如果要買食品機場的便利商店很方便

如果是購買食品，尤其是飲料當伴手禮時，在旅行中攜帶實在不方便，建議回程時在機場一次購足即可。

在機場也可以買到最基本的香蕉蛋糕和海葡萄等等

只有一件的伴手禮全都是只有在當地才能買到的寶貝，請務必看清楚標價。

您喜歡的是哪一種旅館？
以下為大家精選幾家充滿情調的旅館

只要住的地方舒適又舒心的話，旅行的滿足程度也能大大地提升。
從大型度假村旅館到小型的西洋風民宿，
以下為大家精選幾家宮古島值得推薦的旅館。

東急宮古島度假飯店
東急宮古島度假飯店
宮古島東急ホテル&リゾーツ

粉末狀細緻的雪白海灘、一望無際的碧藍海洋與天空、在深綠色的亞熱帶植物包圍下，是宮古島最大的度假飯店。所有的客房都可以看到海，每個角落的裝潢都流露出石垣的風情，洋溢著跟夢想像中一模一樣的南國情調。

這裡最迷人！
只要在活動櫃台報名，就可以與那霸前濱周邊享受多彩多姿的水上活動。

☎0980-76-2109
⌂宮古島市下地与那霸914
¥附早餐17440日圓～
🕐IN14:00 OUT11:00
客房248間 P有 ‼宮古機場車程10分(有免費接駁巴士) MAP 117 A-4

1 陽光下閃閃發亮的南國樹木映入眼簾　2 室內擺設得十分舒適的雙床房　3 飯店的正前方就是美麗的與那霸前濱海灘
※2015年3月前為宮古島東急度假村

1 可以全家人一起玩水的花園游泳池
2 2014年7月改裝開業的公寓別館客房
3 塔樓館客房陽台的視野

享樂方法琳瑯滿目任君挑選的歐式度假村
Hotel Breeze Bay Marina
ホテルブリーズベイマリーナ

位於宮古島南海岸、上野德國文化村附近的大型度假飯店。眼前就是海灘，還備有花園泳池等。塔樓館和公寓別館的客房都是海景房。

這裡最迷人！
公寓別館的全部客房都備有廚房和洗衣機。

☎0120-153-070(SHIGIRA度假村訂房中心) ⌂宮古島市上野宮国784-1 ¥標準雙床房附早餐10800日圓～ 🕐IN14:00 OUT11:00 客房307間 P有 ‼宮古機場車程15分(免費接駁巴士) MAP 117 B-4

海灘就近在眼前的功能型商務旅館
Hotel Southerncoast Miyakojima
ホテルサザンコーストみやこじま(ホテルサザンコースト宮古島)

位在平良港旁邊的パイナガマ海灘對面的商務旅館，館內為窗明几淨、光線充足的空間，可以在輕鬆的氣氛下好好休息。離市中心很近，上網區及餐廳一應俱全，是家功能性很高的飯店。

這裡最迷人！
因為是商務旅館，所以價位設定得十分合理。離市中心很近，地點方便這點也很吸引人呢。

☎0980-75-3335
⌂宮古島市平良下里335-1
¥附早餐7350日圓 🕐IN14:00 OUT11:00
客房101間 P有
‼宮古機場車程15分 MAP 116 A-1

1 蓋在平良港旁邊的パイナガマ海灘附近　2 寬敞又舒適的豪華雙床房17300日圓　3 大廳裡還有按摩椅

為大家介紹的旅館雖然是以飯店、西式民宿為主，但是當地其實也有很多經濟實惠又舒適的民宿。

❶所有房間都可以看到海景，而且也都充滿民族風味 **❷**設計得個性十足、大放異彩的外觀 **❸**站在陽台上可以將美麗的海洋盡收眼底

令人放鬆且充滿民族風味的空間
RAZA COSMICA TOURIST HOME
ラサ・コスミカ ツーリストホーム

座落在池間島上，非常有個性的西洋風民宿。從土牆的外觀到充滿亞洲風味的家具所構成的室內，全都洋溢著極致的民族風味。只有5間客房，浴室和廁所是共用的，但是可以隨心所欲地度假這點很吸引人。

這裡最迷人！
沒有多餘的服務，可以在寂靜和安逸的包圍下，隨心所欲地度假。

☎0980-75-2020（不接受電話訂房）
⬆宮古島市平良前里309-1 ¥7000日圓
🕐IN15:00 OUT10:00 🛏T4間、S1間
Ⓟ有 ‼宮古機場車程30分
※限網路訂房(http://www.raza-cosmica.com) MAP117 A-1

瀰漫著愛琴海氛圍的西洋風民宿
Greek Pension Ilios
グリークペンションイリオス（GREEKペンション イリオス）

從建築物外觀到客房全都以希臘風格加以統一，位於池間島上的西洋風民宿。客房共有5間，從照明燈飾到家具擺飾全都是直接從希臘進口的室內用品，瀰漫著愛琴海的氛圍。

這裡最迷人！
所有的客房都是海景房，對岸伊良部島盡收眼底的絕佳地理位置。

☎0980-75-2383
⬆宮古島市平良前里285-1
¥附早餐8000日圓～
🕐IN15:00 OUT11:00 🛏T5間
Ⓟ有 ‼宮古機場車程30分
MAP117 A-1

❶洋溢著異國情調的建築物 **❷**以希臘的家具加以統一的室內 **❸**附設有時髦的希臘餐廳

❶設計簡單大方又漂亮的室內 **❷**座落於砂山海灘附近的閒靜地點 **❸**可以在看到海的花園游泳池裡悠閒地游泳

可以安靜度假的私人度假村
THE AMARTA
ジアマルタ

座落於砂山海灘附近的小型度假村，以峇里島為設計概念，設計風格十分洗練，共有2個房間和1棟別墅，可以輕鬆地度過靜謐的時間，還可以在度假村內的花園游泳池裡一面看海一面悠閒地游泳。

這裡最迷人！
在花園游泳池的池畔一面享受舒爽的涼風吹拂，一面享用的早餐風味不同凡響。

☎0980-72-7780 ⬆宮古島市平良荷川取694-1 ¥附早餐16200日圓～
🕐IN15:00 OUT12:00 🛏T2間、別墅1間
Ⓟ有 ‼宮古機場車程15分
MAP117 A-2 ※住宿限12歲以上

時尚優雅的住宿設施都集中在開車就可以前往的池間島上，近年來備受矚目。

從市中心到海附近
八重山、宮古島飯店一覽

以下為大家介紹小伴旅特別推薦的島上旅館，好讓旅行的樂趣可以倍增。
客房的面積及價格等等，請參考8個講究程度的指標。

※費用基本上都是2人1間（1棟）時的1人價格。
※此為2015年1月的資訊。預約時請再次確認。

石垣島 Ⓗ Hotel Nikko Yaeyama
ホテルにっこうやえやま（ホテル日航八重山） HP C 🛏 煙

☎0980-83-3311
⌂石垣市大川559 ¥附早餐12800日圓～
室S2、T213、W19、SW2 ⏲IN14:00
OUT11:00 ✈石垣機場車程25分
Ｐ有 MAP43 A-1

座落在石垣市的高地上，室外游泳池及大浴場等設備一應俱全。從頂樓的酒吧，可以將市中心的美麗夜景盡收眼底。

石垣島 Ⓗ Okinawa EXES Ishigakijima
沖縄エグゼス 石垣島 HP C 煙 🛏 ❀

☎0980-86-8001
⌂石垣市宮良923-1
¥附早餐16200日圓～ 室T50
⏲IN15:00 OUT11:00 ✈石垣機場車程
10分 Ｐ有 MAP43 B-4

位於小山丘上的飯店。50間的客房分為4種房型，而且都是海景房。往石垣機場的路線巴士也有停靠。

石垣島 Ⓗ 陽光海灘飯店
ビーチホテルサンシャイン HP C 煙 ♨ 🛏

☎0980-82-8611
⌂石垣市新川2484
¥附早餐10800日圓～ 室T68、其他8
⏲IN14:00 OUT11:00 ✈石垣機場車程
35分 Ｐ有 MAP43 A-4

蓋在離市中心很近的海岸線上。在海邊的游泳池裡可以在感受海風中戲水。也很推薦可以將八重山大海一覽無遺的露天展望大浴場。

石垣島 Ⓗ Hotel East China Sea
ホテルイーストチャイナシー HP C 煙 🛏

☎0980-88-1155
⌂石垣市美崎町2-8 ¥附早餐16020日圓～
室T74、和室4、其他1 ⏲IN14:00 OUT
11:00 ✈石垣機場車程30分
Ｐ有（1晚500日圓） MAP42 B-1

因為很靠近離島碼頭，做為離島巡禮的據點相當方便。從客房的陽台上可以看到整個八重山群島，洋室都是海景房。

石垣島 Ⓗ ルートイン グランティア 石垣
ルートイングランティアいしがき HP C 煙 🛏 ❀

☎0980-88-6160 ⌂石垣市新栄町21
¥純住宿6300日圓～ 室T137、W31、SW2、其他22
⏲IN14:00 OUT11:00 ✈石垣機場車程35分 Ｐ有 MAP43 A-4
POINT設有住宿客專用的活性石人工溫泉大浴場。

石垣島 Ⓜ 民宿マエザト
みんしゅくマエザト HP

☎0980-86-8065 ⌂石垣市白保68 ¥附2餐5000日圓
室和室6、西式6 ⏲IN隨時 OUT10:00 ✈石垣機場車程7分
Ｐ有 MAP43 C-3
POINT附設商店和食堂，隔壁就是郵局的便利環境。

石垣島 Ⓗ 石垣海濱飯店
いしがきシーサイドホテル（石垣シーサイドホテル） HP C 🛏

☎0980-88-2421 ⌂石垣市川平154-12
¥附早餐13125日圓～ 室T89、小木屋19 ⏲IN14:00 OUT11:00
✈石垣機場車程40分 Ｐ有 MAP43 A-2
POINT面對著近地海邊的度假飯店。

石垣島 Ⓜ 民宿 八重山荘
みんしゅくやえやまそう HP C

☎0980-82-3231 ⌂石垣市大川34 ¥附早餐3700日圓～
室和室15 ⏲IN15:00 OUT10:00 ✈石垣機場車程30分
Ｐ有 MAP42 C-1
POINT鬧區步行可達、重要文化財「宮良殿內」附近的老字號旅館。

石垣島 Ⓗ VESSEL HOTEL ISHIGAKI ISLAND
ベッセルホテルいしがきじま（ベッセルホテル石垣島） HP C 煙 🛏

☎0980-88-0101 ⌂石垣市浜崎町1-2-7
¥附早餐7350日圓～ 室S54、T72 ⏲IN14:00 OUT11:00
✈石垣機場車程33分 Ｐ有 MAP43 A-4
POINT客房寬敞，配備queen size的大床。

石垣島 Ⓜ 民宿楽天屋
みんしゅくらくてんや HP

☎0980-83-8713 ⌂石垣市大川291 ¥純住宿3000日圓～
室和室8、西式2 ⏲IN14:00 OUT11:00 ✈石垣機場車程35分
Ｐ有 MAP42 B-1
POINT改裝昭和初期和大正末期古老建築的飯店。

HP 有官方網站　**C** 可使用信用卡　**禁** 有禁煙房　**湯** 有露天浴池　**廣** 單人房為20㎡以上
11 平常的退房時間為11時以後　**女** 提供專為女性的服務
旅 旅館　**H** 飯店　**民** 民宿　**公** 公共旅店　**歐** 歐風民宿

西表島 | H La Teada Iriomote Resort HP C
ラティーダいりおもてリゾート

☎0980-85-5555
🏠竹富町南風見508-205 ¥附2餐13413
日圓～ 室小木屋20、公寓8、T4
🕐IN14:00 OUT11:00 🚗大原港車程5分
(有接送、需預約) P有 MAP99 B-2

位於西表島南端，步行5分可到有美麗珊
瑚礁的マーレ海濱。餐廳內可以享用使用
當地海鮮的沖繩料理。

波照間島 | 歐 ペンション最南端 HP 煙
ペンションさいなんたん

☎0980-85-8686
🏠竹富町波照間886-1
¥附2餐8800日圓～ 室和室5、西式8
🕐IN14:00 OUT10:00 🚗波照間港車程3
分(有接送) P有 MAP111 B

正對著西濱海灘的西洋風民宿。所有客房
都面對著大海，可以從客房裡欣賞到祖母
綠的美景，享受悠閒自在的島上度假生
活。

西表島 | 公 イルンティ フタデムラ HP

☎0980-84-8484 🏠竹富町西表973-3 ¥1人6000日圓(1株2人以上起)
室小木屋9(1株最多7人) 🕐IN15:00～18:30 OUT 10:00 🚗上原港車
程15分 P有 MAP99 A-1 POINT留有古早城鎮的立于聚落裡窺見的紅瓦
小木屋。和島民一起享受的體驗行程，可以體驗到島上生活。

波照間島 | 民 星空荘 HP 煙
ほしぞらそう

☎0980-85-8130 🏠竹富町波照間85 ¥附2餐5400日圓～ 室和室5、
西式1 🕐IN隨時 OUT9:30 🚗波照間港車程5分(有接送) P有 MAP111
B-1 POINT幾乎位於聚落正中央的民宿，可以吃到使用島上蔬菜和島豆
腐的料理。

西表島 | 歐 Ma Ya Gu Su Ku HP
マヤグスクリゾート

☎0980-85-6190 🏠竹富町上原10-544 ¥附早餐11500日圓～
室T2 🕐IN14:00 OUT10:00 🚗上原港車程10分(有接送)
P有 MAP99 A-3
POINT1天只接2組客人的美食民宿。客房內可看到アトゥク島。

宮古島 | H HOTEL RISING SUN MIYAKOJIMA HP C 11
ホテルライジングリン宮古島

☎0980-79-0500
🏠宮古島市平良久具1063
¥附早餐5000日圓～ 室 西式108
🕐IN14:00 OUT11:00 🚗宮古機場車程
10分 P有 MAP117 A-3

特色是琉球石灰岩形象的明亮外觀。客房
內備有原創設計的家具，是南國風情滿點
的飯店。

小濱島 | 民 民宿うふだき荘 HP 煙
みんしゅくうふだきそう

☎0980-85-3243 🏠竹富町小浜52 ¥附2餐6000日圓
室和室6、西式1 🕐IN15:00 OUT10:00 🚗小濱港車程5分(有接送)
P有 MAP93 C-1
POINT具有傳統氛圍和舒適性的居家式民宿。

宮古島 | H ホテルニュー丸勝 HP C 11
ホテルニューまるかつ

☎0980-72-9936 🏠宮古島市平良西里303-3 ¥附早餐5670日圓～
室和室5、S10、T41、3人房5 🕐IN14:00 OUT11:00
🚗宮古機場車程15分 P有 MAP116 C-1
POINT面對著西里大通，備有大浴場和餐廳。

黑島 | 民 民宿のどか HP
みんしゅくのどか

☎0980-85-4804 🏠竹富町黑島1797-3 ¥附2餐5800日圓～
室和室8 🕐IN隨時 OUT10:00 🚗黑島港接送車5分
P有 MAP97 A-1
POINT重視通風的舒適民宿。有免費出借出借自行車的服務。

宮古島 | H セイルイン宮古島 HP C 煙 11
セイルインみやこじま

☎0980-74-3854 🏠宮古島市平良下里3
¥附早餐7665日圓～ 室T46、和室4 🕐IN14:00 OUT11:00
🚗宮古機場車程15分 P有 MAP116 B-1
POINT客房都是雙床房，可以單人投宿。

與那國島 | H Hotel Irifune HP
ホテルいりふね(ホテル入船)

☎0980-87-2311 🏠与那国町与那国59-6 ¥附2餐6000日圓～
室和室3、西式8 🕐IN14:00 OUT10:00 🚗與那國機場車程10分(有接
送) P有 MAP109 B
POINT位於祖納聚落中心。會舉辦半潛水式觀光船的海底遺跡之旅。

宮古島 | H HOTEL ATOLLEMERALLD MIYAKOJIMA HP C 煙 11
ホテルアトールエメラルド宮古島

☎0980-73-9800 🏠宮古島市平良下里108-7 ¥附早餐12960日圓～
室和室4、T126、W3、SW4 🕐IN14:00 OUT11:00
🚗宮古機場車程15分 P有 MAP116 B-1
POINT館內有餐廳等齊全的設備。

與那國島 | H Ailand HOTEL YONAGUNI HP C
アイランドホテルよなぐに

☎098-941-2323 🏠与那国町与那国4647-1 ¥附早餐9180日圓～
室和室2、西式75 🕐IN15:00 OUT10:00 🚗與那國機場車程5分(有接
送) P有 MAP109 B
POINT與那國島上唯一的飯店，客房寬敞達36㎡以上。

S:單人房　T:雙床房　W:雙人房　DT:豪華雙床房　SW:大套房　和:和室

八重山、宮古島的飯店一覽

前往石垣、宮古的交通方式

移動本身也是旅行的一個部分，所以希望能夠又快又舒適。
這次旅程能夠更愉快的，
一目瞭然的就是「ことりっぷ」的交通方式了。

【STEP-1】＜前往那霸！＞

◆從日本國內基本上都要先前往那霸。
　從東京、大阪等地出發，也有直飛的班機。

從台灣出發的話，直飛班機最為方便，桃園機場→那霸機場需時約2小時30分，
目前也有班機直飛石垣，桃園機場→石垣機場僅需約50分，十分方便，但如果有
從日本國內出發的情況，則請參考下表規劃行程。

通常先到那霸機場再轉往目的地

路線	公司	需時（最短）	價格	班次
札幌→那霸	ANA	3小時45分	70100日圓	1天1班
仙台→那霸	ANA	3小時10分	56800日圓	1天1班
小松→那霸	JTA	2小時35分	45800日圓	1天1班
東京（成田）→那霸	ANA・JJP・VNL	3小時15分	46240日圓	1天6班
東京（羽田）→那霸	JAL・ANA・SKY	2小時45分	46090日圓	1天27班
靜岡→那霸	ANA	2小時45分	44600日圓	1天1班
名古屋（中部）→那霸	JTA・ANA・SNA・SKY・JJP	2小時30分	43610日圓 （SNA35810日圓）	1天11班
大阪（伊丹、關西）→那霸	JAL・JTA・ANA・APJ・JJP	2小時15分	38400日圓	1天16班
神戶→那霸	SNA・SKY	2小時10分	29500日圓	1天5班
岡山→那霸	JTA	2小時10分	38400日圓	1天1班
廣島→那霸	ANA	1小時55分	35900日圓	1天1班
高松→那霸	ANA	2小時5分	38900日圓	1天1班
松山→那霸	ANA	2小時	35100日圓	1天1班
福岡→那霸	JTA・ANA・SKY・APJ	1小時50分	30900日圓	1天20班
長崎→那霸	ANA	1小時35分	31900日圓	1天1班
熊本→那霸	ANA	1小時35分	30200日圓	1天1班
宮崎→那霸	SNA	1小時35分	26000日圓	1天1班
鹿兒島→那霸	SNA	1小時30分	24000日圓	1天2班

〔日本國內往那霸的交通方式〕●飛機（直飛）

※JAL（日本航空）、JTA（日本越洋航空）、RAC（琉球空中通勤）、ANA（全日空）、
　SNA（Solaseed Air）、JJP（捷星日本航空）、APJ（樂桃航空）、VNL（香草航空）
※價格為2015年12月時的成人單程票價（非旺季）；LCC（含天馬航空）的票價請在訂票時確認。

飛機最好的位置在哪？

若是前往島上的航線（北上路線）可以看見珊瑚礁群島的最佳座位是在前進方向左手邊的靠窗座位，回程（南下路線）則是在右手邊的靠窗座位。只不過，因為天氣的關係，也會有相反的情況。

【STEP-2】＜前往石垣島、宮古島！＞

◆那霸飛往宮古島的航程約1小時，那霸飛往石垣島的航程約1小時。

[日本國內前往石垣島、宮古島的交通方式]

■那霸→宮古島

路線		公司	需時（最短）	價格	班次
那霸→宮古		JTA·ANA·RAC	1小時	19600日圓	1天15班

■那霸→石垣島

路線		公司	需時（最短）	價格	班次
那霸→石垣		JTA·RAC·ANA·SNA	1小時	25800日圓（SNA為21000日圓）	1天17班

■從日本出發的直飛班機

路線		公司	需時（最短）	價格	班次
東京（羽田）→石垣		JTA·ANA	3小時35分	66690日圓	1天4班
大阪（關西）→石垣		JTA·ANA·APJ	2小時50分	54300日圓	1天3班
名古屋（中部）→石垣		ANA	3小時	59810日圓	1天1班
東京（羽田）→宮古		JTA	3小時20分	62490日圓	1天1班

■宮古島←→石垣島

路線		公司	需時（最短）	價格	班次
宮古→石垣		ANA·RAC	30分	13400日圓	1天3班
石垣→宮古		ANA·RAC	30分	13400日圓	1天3班

●飛機 詢問處
JAL·JTA·RAC
・・・・・・・・・☎0570-025-071
ANA ・・・・・・・☎0570-029-222
SNA ・・・・・・・☎0570-037-283
SKY・・・・・・・・☎0570-039-283
JJP・・・・・・・・☎0570-550-538
APJ・・・・・・・・☎0570-200-489
VNL・・・・・・・・☎0570-6666-03

※以上詢問處基本上使用的語言是日文，請注意。

靈活運用飛機的折扣機票

JAL（包含JTA）及ANA等航空公司都會提供各式各樣的日本國內線機票折扣服務，像是在幾天前訂票就可以享受折扣的「先得」或「旅割」等等，有很多只要正常票價的一半以下就能前往的機票，要是不仔細查清楚、善加利用的話，可就虧大囉。

前往石垣、宮古周邊離島的交通方式

離島的樂趣可不是只有石垣島和宮古島而已，
不妨將足跡延伸到這兩座島的周邊離島，盡情地享受南國氣息。

【VOL.1】＜石垣島前往周邊離島！＞

石垣機場━▶石垣港離島碼頭＞
路線巴士：45分（540日圓）
計程車：20～30分（約3000日圓）

在八重山群島中，無論前往哪一座島，基本上都是要從石垣島出發。從石垣島的石垣港離島碼頭有高速船和渡輪，也有飛往與那國島的班機。

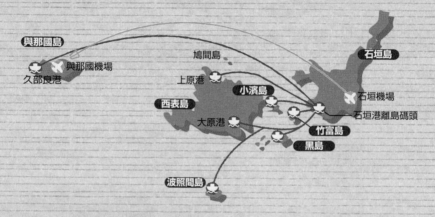

與那國島
與那國機場
久部良港
鳩間島
上原港
小濱島
西表島
大原港
竹富島
黑島
石垣島
石垣機場
石垣港離島碼頭
波照間島

【VOL.2】＜宮古島前往周邊離島！＞

＜宮古機場━▶平良港＞
路線巴士：無
計程車：15分（約1000日圓）

開往伊良部島和多良間島的船從平良港出發，也有飛往多良間島的班機。池間島和來間島、下地島、伊良部島，則有橋樑和宮古島相連。

池間島
大神島
伊良部島
下地島
平良港
宮古島
多良間島
普天間港
多良間機場
宮古機場
來間島

	路線	公司	需時（最短）	價格（單程）	班次（直達）
飛機	石垣島→與那國島	RAC	35分	12700日圓	1天3班
高速船	石垣島→竹富島	安榮觀光、八重山觀光渡輪、石垣島夢觀光	10~15分	600日圓	1天18~27班
	石垣島→小濱島	安榮觀光、八重山觀光渡輪、石垣島夢觀光	25~30分	1060日圓	1天11~18班
	石垣島→黑島	安榮觀光、八重山觀光渡輪、石垣島夢觀光	25~30分	1150日圓	1天7班
	石垣島→西表島（大原港）	安榮觀光、八重山觀光渡輪、石垣島夢觀光	35~40分	1570日圓	1天11~16班
	石垣島→西表島（上原港）	安榮觀光、八重山觀光渡輪	40~45分	2060日圓	1天7班
	石垣島→波照間島	安榮觀光	1小時~1小時10分	3090日圓	1天3班
渡輪	石垣島→與那國島	福山海運	4小時	3550日圓	1週2班

詢問處

RAC
‥‥‥☎0570-025-071
八重山觀光渡輪
‥‥‥☎0980-82-5010
安榮觀光
‥‥‥☎0980-83-0055
石垣島夢觀光
‥‥‥☎0980-84-3178
福山海運
‥‥‥☎0980-82-4962

※以上詢問處基本上使用的語言是日文，請注意。

※RAC（琉球空中通勤）
※價格為2015年12月當時的大人單程費用（非旺季）。渡輪為2等的乘客費用。

	路線	公司	需時（最短）	價格（單程）	班次
飛機	宮古島→多良間島	RAC	25分	8700日圓	1天2班
渡輪	宮古島→多良間島	多良間海運	2小時5分	2470日圓	1天1班

詢問處

RAC
‥‥‥☎0570-025-071
多良間海運
‥‥‥☎0980-72-9209

※RAC（琉球空中通勤）
※價格為2015年12月當時的大人單程費用（非旺季）。渡輪為2等的乘客費用。

高速船或渡輪很容易因為天氣不佳而停駛，請在當地做確認。

各個島的交通工具

八重山、宮古群島還有很多大眾運輸工具尚未整備完全，
所以不妨事先查好各島的交通工具，享受舒適的離島巡禮吧！

在離島上的移動方法只有以下這些。

❀巴士

不少島上都有定期路線巴
士行駛，但因為班次很
少，所以請確實地查好時
刻表。也有些島上只有迷
你小巴士。

便宜度	★ ★ ★
便利度	★ ☆ ☆
爽快度	★ ☆ ☆

❀計程車

石垣島和宮古島的計程車起
跳價為430日圓，相對便
宜，因此是很重要的「島上
交通」。也可以搭乘觀光計
程車，繞行風景名勝。

便宜度	★ ☆ ☆
便利度	★ ★ ★
爽快度	★ ☆ ☆

❀出租汽車

如果想要自由地環島，這是
最好的選擇。幾乎所有車上
都有安裝冷氣，所以即使炎
熱的季節也很舒服。附有衛
星導航的車子也愈來愈多。

便宜度	★ ★ ☆
便利度	★ ★ ★
爽快度	★ ★ ★

❀出租摩托車

如果想要一個人隨心所欲
地環島，以50cc的速可達
最適合。不用刻意找停車
場，也可以鑽進通往大海
的小徑。

便宜度	★ ★ ☆
便利度	★ ★ ☆
爽快度	★ ★ ★

❀出租自行車

這是可以借到最便宜的交
通工具，不過絕大部分都
是「淑女車」，所以不太
適合遠行或上下坡比較劇
烈的島也說不定。

便宜度	★ ★ ★
便利度	★ ★ ☆
爽快度	★ ★ ☆

❀步行

當然不用花錢！別忘了帶上
地圖和飲用水。

便宜度	最佳
便利度	視距離
爽快度	視天氣

要注意超速及違規停車問題！
石垣島和宮古島的速度限制以時速50公里為上限，可能會在意想不到的地方被取締，所以請一定要特別小心。如果在市中心違規停車，也會被取締喔。

島內最適合的交通工具一覽表

◎：最適合　○：方便　△：普普通通　✕：不適合　─：無

	島名	巴士(包含迷你小巴士)	計程車	租賃車	出租摩托車	出租自行車	步行	建議	📖
八重山群島	石垣島	△	◎	◎	○	✕	✕	由於既廣大又有山，如果沒有附引擎會很吃力。	P.42
	竹富島	○	─	─	△	◎	○	以自行車最適合，但是要小心在白沙路上翻車。	P.84
	小濱島	─	─	◎	◎	△	✕	雖然是座小島，但是有很多坡道，所以自行車會有點吃力。	P.92
	黑島	─	─	△	○	◎	△	因為是平坦的島，自行車為最佳。	P.96
	西表島	△	△	◎	○	✕	✕	由於既廣大、聚落又少，不適合自行車或步行。	P.98
	與那國島	△	○	◎	○	✕	✕	由於既廣大、坡道又多，不妨租借有引擎的車。	P.108
	波照間島	─	─	△	◎	○	✕	因為樹陰比較少，建議騎摩托車。	P.110
宮古諸島	宮古島	△	○	◎	○	✕	✕	巴士的趟次非常少，但是面積又廣大，不適合騎自行車。	P.116
	伊良部島·下地島	△	△	◎	○	✕	✕	宮古島租了車之後過伊良部大橋前往。	P.114
	多良間島	○	─	△	△	◎	○	搭迷你小巴士前往聚落，然後再租車或租借自行車最方便。	P.114

最方便！

基本租車自駕的租還方式

首先要預約。

可以利用電話或網路直接預約，或是選擇跟機票綁在一起的方案進行預約。只要事先預約好，即使在數量可能會不足的旅遊旺季也不用擔心。

（✕至於沒有預約的人…）
直接向當地的租車公司洽詢，如果還有空車，當然可以租借。不過，最好在打算用車的前一天跟對方連絡。

在當地請這麼做。

●在機場借車
只要在預約的時候將抵達的班機時刻告訴租車公司，工作人員就會到機場的入境大廳迎接，搭乘來接的車到店裡，辦理租車手續。

●在旅館租車
如果租車公司有提供接送的服務，就會到旅館來迎接，再從旅館到店裡辦理租車手續。如果沒有接送服務，請搭乘巴士或計程車前往租車公司。

租法　\GO! GO!/　還法

租車公司　GS

●□□□□□□□□
租車自駕的原則在於「借還的時候油箱都是滿的」。島上有很多加油站的營業時間都比較短，週日有的還會休息，所以要注意。

要從行駛距離計算出費用，付給租車公司。請做好會比加油站還要貴費的心理準備。

●□□□□□□□□□□
基本上都得把車子開回租車公司還，然後讓對方送自己到旅館或機場（假設有提供接送服務）。也有可以把車子丟在機場等當地的租車公司。

出租汽車的基本費用是輕型車一天3500～5000日圓左右。夏季的旺季價格較高。

交通方式／島上的交通工具

在石垣島、宮古島旅行時的 基本Q&A

Q 什麼時候是最適合的季節？

A 一旦進入3月，白天就會變得風和日麗。在石垣島，3月中旬就開放海水浴場。過了黃金週以後，會進入梅雨季節，要到6月下旬才會結束。一直到10月都可以從事海水浴，但是9月開始是颱風季節要特別注意。

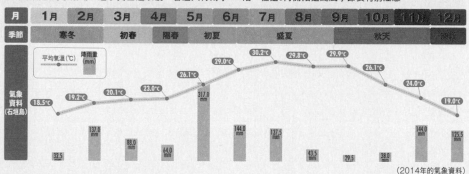

月	1月	2月	3月	4月	5月	6月	7月	8月	9月	10月	11月	12月
季節	寒冬		初春	陽春	初夏		盛夏			秋天		深秋

平均氣溫(℃) 降雨量(mm)

氣象資料(石垣島)

18.5℃　19.2℃　20.1℃　23.0℃　26.1℃　29.0℃　30.2℃　29.8℃　29.9℃　26.1℃　24.0℃　19.0℃

32.5mm　137.0mm　88.0mm　64.0mm　317.0mm　144.0mm　137.5mm　43.5mm　29.5　38.0mm　144.0mm　125.5mm

(2014年的氣象資料)

Q 要穿什麼去比較好呢？

A

春 (3月～5月)

雖然風和日麗，但是晚上會很冷，還是要小心。

短袖T恤　開襟毛衣　運動衫　長褲

夏 (6月～9月上旬)

穿短袖、短褲就行了，但是要注意防曬。

帽子　短袖T恤　涼鞋　短褲

秋 (9月中旬～11月)

從10月左右開始就會需要長袖襯衫。

短袖T恤　長袖襯衫　長褲　開襟毛衣

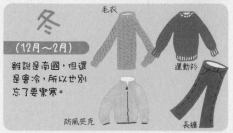

冬 (12月～2月)

雖說是南國，但還是會冷，所以也別忘了要禦寒。

毛衣　運動衫　防風夾克　長褲

石垣島

英文字母

ⓣ 景點　ⓡ 餐廳　ⓒ 咖啡廳　ⓢ 商店　ⓗ 飯店　ⓑ 美容　🈂 溫泉

ことりっぷ co-Trip 小伴旅

石垣・竹富・西表・宮古島

【co-Trip日本系列 14】

石垣・竹富・西表・宮古島小伴旅

作者／MAPPLE 昭文社編輯部
翻譯／張雲清
編輯／陳宣穎
發行人／周元白
製版印刷／長城製版印刷股份有限公司
出版者／人人出版股份有限公司
地址／23145新北市新店區寶橋路235巷
6弄6號7樓
電話／（02）2918-3366（代表號）
傳真／（02）2914-0000
網址／www.jjp.com.tw
郵政劃撥帳號／
16402311人人出版股份有限公司

經銷商
聯合發行股份有限公司
電話／（02）2917-8022

第一版第一刷／2014年6月
修訂第二版第一刷／2016年9月
定價／新台幣300元

co-Trip ISHIGAKI TAKETOMI IRIOMOTE
MIYAKOJIMA ことりっぷ石垣・竹富・西表・宮
古島
Copyright © Shobunsha Publications, Inc.
2016
All rights reserved.
First original Japanese edition published by
Shobunsha Publications, Inc. Japan
Chinese （in traditional characters only）
translation rights arranged with Jen Jen
Publishing Co., Ltd.
through CREEK & RIVER Co., Ltd.

●本書提供的，是2015年10月～12月的資訊。由
於資訊可能有所變更，要利用時請務必先行確認。
另因日本調高消費稅，各項金額可能有所變更；部
分公司行號可能標示不含稅的價格。此外，因為本
書中提供的內容而產生糾紛和損失時，本公司礙難
賠償，敬請事先理解後使用本書。
●電話號碼提供的都是各設施的詢問電話，因此可
能會出現非當地號碼的情況。因此使用衛星導航等
設備查詢地圖時，可能會出現和實際不同的位置，
敬請注意。
●各種費用部分，入場券部分的標示以大人的票價
為基準。
●開館時間、營業時間，以到停止入館的時間之
間，或是到最後點餐時間之間為基準。
●不營業的日期，只標示公休日，不包含臨時停業
或盂蘭盆節和過年期間的休假。
●住宿費用的標示，是淡季平日2人1房入宿時的1
人份費用。但是部分飯店，也可能房間為單位來標
示。
●交通標示出來的是主要交通工具的參考所需時
間。
●本文內詢問處基本上使用的語言是日文，請注
意。

●この地図の作成に当たっては、国土地理院長の承
認を得て、同院発行の2万5千分1地形図　5万分1
地形図　20万分1地勢図　50万分方図、100万
分1日本、数値地図(国土基本情報)電子国土基本図
(地図情報)、数値地図(国土基本情報)電子国土基本
図(地名情報)、数値地図(国土基本情報)基盤地図情
報(数値標高モデル)、電子地図25000、基盤地図
情報を使用した。(承認番号　平27情使、第15-
154163号　平27情使、第16-154163号　平27
情使、第17-154163号　平27情使、第18-
154163号)

國家圖書館出版品預行編目(CIP)資料

石垣・竹富・西表・宮古島小伴旅 /
MAPPLE昭文社編輯部作；張雲清譯. --
修訂第二版. -- 新北市：人人, 2016.09
面；　公分. -- (co-Trip日本系列；14)
譯自：石垣・竹富・西表・宮古島
ISBN 978-986-461-063-1(平裝)

1.旅遊 2.日本沖繩縣
731.7889　　　　　　　　　105015717
JMJ

●著作權所有　翻印必究●
※本書系凡有「修訂」二字，表示內容有所修改。「修訂
～刷」表示局部性修改，「修訂～版」表示大幅度修改。